MIGUEL ÁNGEL CURIEL

ESCRIBIR

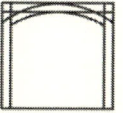

Editorial Dilema
Madrid, 2025

Colección de poesía dirigida por Antonio Ortega

© Miguel Ángel Curiel, 2025
© Editorial Dilema, 2025
Ibáñez Marín, 11 - 28019 Madrid
Teléfonos: 91 472 90 71 - 670 367 479
info@editorialdilema.com
www.editorialdilema.com

ISBN: 978-84-9827-719-7
Depósito legal: M-20573-2025

Diseño de Colección: María Pérez-Aguilera
Diseño de Portada: Esther Hernández

Foto de la solapa: Nuria Castro Gurona

Maquetación: Esteban Gancedo

"He conservado esa soledad de los primeros libros. La he llevado conmigo. Siempre he llevado mi escritura conmigo donde quiera que haya ido"

MARGARITE DURAS

Te escribo para borrarnos, nos borramos, ¿para qué? Nada tenía sentido, todo tenía sentido, después de mucho tiempo le hemos dado sentido a las flores, los botánicos las clasifican, las estudian –reposa el mar después de haberse tragado a sus ahogados– solo esperaba a que de nuevo las flores dejaran de tener sentido, ¿y ellas, finalmente, han vuelto a darnos un sentido? Todo, tarde o temprano, debe ser escrito, una vez que se escribe eso que ha estado tanto tiempo esperando a ser escrito desaparece para siempre. Esto es para borrarnos, nos borramos así.

Verschein -preaparecer- Kháritos Kai aletheías (Juan, I,14)

No todos sus poemas me podían gustar, aunque todos estuviesen llenos de verdad.

Palabras que explotan, rezos hasta la alucinación.

15 de febrero de 2022, *mom Dieu, je suis venu jusque`ici* para nada.

¿Quién trabaja día y noche en el sol? El mismo sol. No te endilgues más peso.

Le habría gustado vestirme –siempre me gustó su forma de vestirse– Ella me habría vestido como a un hijo, yo me habría revelado hasta pasar a su lado desnudo.

Todo está sellado por el sol, al final de cada documento, texto, inscripción ¿*poème*? Sobre el sello, una luna de viruela y manchas anaranjadas, la rúbrica, el nombre escondido en el trazo angosto de un signo.

Escribir debería ir un poco por delante de la propia vida: Trata de escribirte, me *decía*, yo te escribo, a veces por eso camino sobre miga de pan, así se ha pavimentado tu ausencia.

Todo lo abro, una caja, ventanas, puertas, un libro, un cuaderno, y ya no los vuelvo a cerrar nunca. Todo debe permanecer abierto, no siempre, -el cielo, los ojos, la muerte siempre está cerrada-

Ella me escribía poemas, al menos uno por semana, lo que yo sentía después de leerlos me bloqueaba, no podía escribirle de inmediato para agradecerle su texto, donde yo había quedado atrapado como un bicho en una tela de araña, mis gracias eran negras, se había vaciado mi agradecimiento, solo podía escribir a través de ella cuando ella guardaba un silencio de días.

Lo original es un par de pasos hacia atrás, aún creo en la llegada de un tiempo en el que vea a los hombres moverse como los cangrejos.

Aún él quería medir el alma de los monos para compararla con la de los perros.

Lo ridículo de todos los records humanos, sobre todo en poesía.

Que te dé el sol, que te dé en estos primeros días de otoño.

"Hay que pintar lo invisible" Bram Van Velde, -y aun así toda la fuerza de esa imposibilidad- habría que añadir.

De alguna manera deberé volver a la brevedad, la cual ya queda determinada por el tamaño del cuaderno. La finalidad es una escritura atrofiada, la atrofia del espíritu como experimento.

También cambió la calidad del silencio, ahora no hay uno solo, hay muchos.

Me exprimo a la vez que me esponjo.

Sus versos no eran fáciles de recordar, rezos en la oscuridad.

Las rutas ahora me las imagino a través de campos quemados, de grandes extensiones de campos quemados.

Superación del sucedáneo en la emulación, directamente de la naturaleza al alma en un poema tal o x.

Solo en las casas vacías se pueden escribir libros, apenas una mesa y una silla, algunas ventanas bien dispuestas, la casa vacía es el libro antes de ser escrito. Según lo vayas escribiendo tendrás que salir más a menudo de la casa. Se ha llenado de ti y no te has dado cuenta. Lo que más te llama la atención, y te hace mirar a través de ello, son las marcas que han dejado los cuadros que estuvieron colgados de las paredes. La luz fue apagando lo visible, los mismos cuadros también se apagaron un poco ¿óleos? Allí donde hubo cuadros colgados tú ves ventanas. Una casa vacía es un libro que vas a escribir. Todo fue sacado hace ya algún tiempo. Todo acabó en el garaje, incluso los libros. La casa del libro ha sido vaciada, el libro comienza con un vaciado.

Algunos libros muestran un desorden vital, otros una gran mesura y equilibrio, en ninguno de los dos me encuentro. El arpa está siempre desafinada, mi mano te escribe a ti, la soledad eres tú. Estás en todo silenciada, te manifiestas en el orden de las cosas, la belleza del mundo es natural. Mis sentidos se agudizan, no sé afinar el arpa, pero así suena el mundo ahora. Antes de salir de casa hay que elegir la ropa para el frío, sería imprudente salir desnudo en este tiempo, pero hay otras maneras de desnudez, de estar desnudo que conllevan alegría, cuando escribes por ejemplo. No cuentas apenas nada, solo hablas de un arpa desafinada que oyes en casi todo y no eres capaz de afinar, solo hablas de ti, pero como si fueras un cangrejo o un lagarto al sol.

Los ojos se enojan, ama el paroxismo.

Está encinta de sí misma.

El sol termina de arrancar la niebla, eso es una verdad, pero la niebla es el sol, la tierra respira, es su aliento, la bruma de lo que se quema dentro de nosotros, después el sol tensa las cuerdas del arpa. El arpa está dentro de nosotros, como una estructura ¿ósea? A veces necesito verlo así, una imagen que se proyecta en la tierra, su sonido, o el sonido que logre arrancar de ello llega de todo lo que nos rodea. Parece absurdo, lo es, lo absurdo nos crea.

"En fin, es algo que no podemos evitar. Todos los que hemos venido a este mundo estamos cargados de deseos"
Yoshida Kenzô

Que perdure en ti la resonancia, yo soy tu resonancia.

Lo primero que hacemos cada día, mirar el cielo, pero no hacia arriba sino de frente, de cara al día.

Le gustaban los ríos, una vez la llevé a una región de ríos pequeños aún limpios. Cada vez era más difícil encontrar ríos limpios. Ella nunca había visto unas montañas tan altas, me lo agradeció, las aguas que bajaban de ellas eran frías y aún limpias, me gustaba verla nadar, la manera en la que cada uno de nosotros nada es la manera en la que ama. En el amor lo más importante es el estilo, sus poemas tenían el estilo de su amor hacia mí. Es posible que ella haya olvidado el nombre de esos ríos pequeños.

Por donde viajo solo hay paz, la paz inquebrantable de lo natural.

Planta árboles para sobrevivirse.

—A todo esto, me sentía totalmente dueño de mí mismo, como hasta el momento solo en los tiempos sagrados. ¿Comenzaba ahora, pues, un tiempo sagrado- p.h. Aún te enviaba lo que no se puede enviar, porque pesa casi nada, y no hay modo de saber si se pierde o no, ¿las palabras? eso creo, se pierden en ti y en mí, se pierden en todos, las escritas también, sirven por un tiempo, dan servicio, entran muy dentro, actúan como las lombrices en la tierra, o los anuncios luminosos de noche, pero en otra dirección, no lo sé, ese hacia donde nunca lo he sabido. Tal vez volvían de muy lejos después de haber atravesado el mundo. Aún te las envío fuera de sí, vacías, creo que así pesan menos, sin intermediarios. Lo mejor es que ya no se pudieran leer, apenas, en conjunto, me refiero a eso, por haberte llegado desordenadas, y tan mudas que dan lastima.

El poema respira en el primer lector, lo devuelve a la vida.

En mis paisajes siempre hay álamos, con poco aire ya tiemblan.

Lo que me ha llegado de ti es esto mismo, una paz, no una, sino la paz, la que uno espera por ser hombre, de la que uno siente que no debería siquiera hablar para no destruir, y sí invitarla a entrar todavía más adentro, pues se tendría que hacer visible en mis ojos. Lo ves, ahora puedes verlo.

Ella se comía la luz, hablaba con la luz, juagaba con la luz, dormía con la luz encendida.

Repliegues y despliegues cada vez mayores, hay un momento extraño donde se da el punto de inflexión, y nunca se haya en el espacio, es ajeno a nosotros lo que se rompe por uso, su duración, el amor por ejemplo. Un fuelle roto echa el aire por los pliegues y se vuelve a llenar por las roturas.

Los campos de trigo un poco antes de ser segados [trik trik]

Por necesidad de realización un último esfuerzo hasta el rompimiento.

Las estructuras se desmoronan, la muerte con ruedas de sol.

El paso de los puentes, mejor a su lado. Dibujaba puentes imposibles de construir, aunque ella siempre mantuvo que todo puede construirse. Lo que se escribe no puede ser vivido más allá de la propia vida, apenas lo hemos vivido, apenas ha sido más que el reflejo de algo que se vislumbra, a pesar de que se escribe para ser de nuevo vivido. Crucé muchos puentes a su lado, con ella se hacía necesario llegar a la otra orilla y después volver,

"Este lo dibujé en otra vida, lo dibujé para ti, ahora debes cruzarlo tú sin mí al lado". La oigo hablar en muchos lugares a la vez, creo que me está dictando un libro. Tengo miedo de que un día deje de dictármelo, miedo a dejar de oírla.

Vom *sichtbaren Geist* –sobre el espíritu visible–. El ojo es solar.

Poemas que se han degradado a *poêmes*.

Se te comban las palabras para llegar al amor.

Todas las formas posibles de "cielo" el círculo, el rectángulo, el cuadrado celeste del invierno. ¿Y el triángulo? Lo vi en el cielo circular del verano.

Pudo haber sido mi maestra en otra época, pero no encontraba tal tiempo abocado ya a la oscuridad. Rastreaba los tiempos y volvía cansado de ellos, eran desiertos oscuros, había desaparecido el sol, los cielos eran pastizales secos de un azul negruzco. En esa página te cabe el mundo, en esa página estoy yo. ¿Sabes cómo soy ahora? Mi cabellera encaneció, mis manos se arrugaron. Me gusta el temblor de la mano al escribir, el pulso de tu escritura lo noto en estos signos, pero no hagamos de las palabras signos, dejemos que sigan siendo solo palabras, has entrado ya dentro de muchas, te has desperezado después de dormir dentro de muchas de ellas. Ella me decía, nunca escribas más de una página al día, tu caligrafía es bella, que sea tu mano la que te guíe por mi oscuridad.

No sé quién es Lichtemberg ¿El señor montaña de luz? Me ha hablado tanto de él que me gustaría conocerlo.

Porque un hombre solo, separado de los otros, silencioso, debería registrar la bitácora de una vida insustancial –*fade*–, el motivo es la isla, su yo es una isla, tenía un teléfono de oro.

Mi caligrafía se volvía escabrosa, difícil de entender cuando utilizaba la mano izquierda.

El pájaro negro de la muerte es azul ¿lo viste?

La parte que no se quema de las cosas que arden.

¿Y cómo es un poema curvado?

Habría decidido en algún momento de estos días lluviosos escribir ya siempre a lápiz, y no temer a la fragilidad ni a la pérdida. Se puede borrar todo lo escrito como un acercamiento mayor y más verdadero a la muerte. ¿Y no sería ese su verdadero sentido? ¿El de borrarse a cambio de mantenerse vivo lo escrito dentro de uno a cambio de una posibilidad de multiplicación de los sentidos? Solo había que mantener un poco más de fuerza en la mano y el sentido lineal de los caminos.

Las tejas como imitación de un techo de ramas trabadas, el rezo en el poema.

De todo lo que se podía ser, el rastrojo lleno de semillas.

Todo es increíblemente sencillo, el trueno en el relámpago, el instinto es veloz, el sentimiento se incrusta lentamente. Aquí llega antes la luz, pero solo permanece lo último. El poema escrito como una tormenta seca ¿Debería ir hacia la oralidad? Ir de boca en boca, de un silencio a otro. Le diste la mano y él te la tomó. Te tomó la mano con la misma que lo escribió. ¿Sientes la corriente? Casi siempre hay un árbol en la dehesa más propenso al rayo. La primera iluminación debe permanecer un tiempo. Cada poema debería ir de boca en boca –ahora de ojo en ojo– como si transmitiéramos la revelación de un Caravaggio, o un Nolde a un anciano ciego.

Que se quede todo lo que quiera el mal tiempo
[Solar]

Cosas que duren siempre, y la lista se hacía intermi-
nable. Éramos nosotros los que durábamos poco en ellas.

Cuanto más genio hay en un poeta, tanto menos re-
flexiona él sobre ello, -Krámpfe des Geistes- [Espasmos
de espíritu]

Poemas en curva cerrada, nocturnos. ¿Se comportan
las palabras como balizas reflectantes?

Milagros por accidente, nunca el sol prende el agua.

"La belleza es la armonía entre el azar y el bien" Si-
mone Weil.

A ella le gustaban los aviones antiguos, decía que cada
vez que volvían a volar hacían un círculo alrededor de
nosotros. No le importaba que esos aviones …….. hu-
bieran entrado en batallas en el aire entre……, así lo ha-
cían los vencejos en verano, liar sus hilos al tejer el cielo
para ella eran caballos voladores.

La lengua se incendia hacia abajo.

Una sopa con todas las vergüenzas y miedos sabía a cielo.

Los poemas curvados te llevan al horizonte del lenguaje.

El vuelo ideal del pingüino.

Ese no lugar es el lugar del libro, un poema querría abarcar en toda su brevedad el mayor espacio posible, no se trata tanto de decir sino de recibirlo todo a través de él.

La primera palabra que ha escrito en este día "Intemperie"

Mientras tanto voy llenando cuadernos. Tenía la sensación de que se iban llenando para pesar menos. Por otro lado, está aquí y allí el peso ciclópeo de los escombros. ¿Se sostiene sobre las palabras la idea de una montaña? Se transparenta.

¿Cómo volver aquí una vez desaparecido?

En Barcelona me alojo en un hotel de la cadena Ilunión, en el carrer Ausias March. Agradezco estar en esta calle. "Qui no es trist de mas dictats no cur." Estos versos quedaron grabados hace mucho tiempo en mí. El poeta Ausias, el Ozías o Zacarías bíblico. El señor me sostiene, sus palabras le sostienen. Llueve.

Qué poco dura la ira de los iracundos [Nacionalismo]

Encerrar toros en la boca, uno a uno a los dioses.

Fue en esa ciudad hace más de cuarenta años, iba de la mano de mi padre, él le preguntó a un señor por una calle y a cuánto estaba de nosotros, el señor le dijo que no estaría a más de diez minutos a pie, desde entonces todo cambió para mí, las distancias son tiempo ¿A cuánto está ahora el día de mi nacimiento? Posiblemente a menos tiempo del que estuvo ayer.

El corazón nunca se vacía.

Amigos a los que solo ves una vez cada cinco años, otros cada diez, ellos han permanecido estáticos, ¿y tú?

La gran pregunta se estrella en la realidad.

Poemas vírgenes que no ha leído nadie.

¿Qué recuerdo? Lo recuerdo todo.

Nuestra percepción del mundo será en ocasiones así, lo que por una vez logremos ver desde lo alto de la torre mudéjar de San Pablo en Z.

Teníamos que elegir un pájaro para ser, de esa larga lista me fijé en el Sisón.

Herir con la bondad.

Paisaje silente en el que espero oír ¿el cielo? al poner la oreja en la tierra.

La autodestrucción a la que ellos llamaban äutixestrución, el Selbstzerstörung, el daño a sí mismos.

Campo, semillas y greda, la sombra, hasta se puede llegar a odiar el buen tiempo.

El ruido de la cortacésped, el que corta la hierba no lo sabe, lleva en las orejas un protector como el de los artilleros para que no se le perforen los tímpanos.

El día que dejó los renglones por la hoja en blanco, de igual manera estaban allí, solo que no los veía. Las líneas invisibles atraen a las fuerzas de la imaginación, siguiéndolas puedes llegar con los ojos cerrados hasta el sol.

Bran Van Velde, Braque, Munch o Nolde. No, no, no, para ella Van Gogh el santo.

Las turbulencias del ánimo, si no hay hojas que giren no hay viento, si no hay palabras el espíritu se encrespa ¿en qué?

El poema como "implosión": una explosión hacia dentro. J:A:V.

Llevaba un perro sujeto a una correa larguísima, medía treinta y tres metros, libertad asustadiza.

Al final del invierno solo quedan héroes o cobardes.

Los paisajes con alma aparecen abandonados o deshabitados, una experiencia lunar bajo un sol de justicia.

Tren de borrascas, o comer con ¿*la vista*? los ojos, la belleza serena de tu lengua.

Nos pedíamos demencia mutuamente.

La respiración latente de las palabras muertas.

Opto por esto: "Accepter ne se peut, comprendre ne se peut, on ne peut pas vouloir accepter ni comprendre: On avance peu à peu comme un colporteur d'une aube à l'autre" P.J., a la espera de que me arranquen una muela.

¿Acaso lleva lloviendo veinte años seguidos sin parar? Todas las casas deberían permanecer abiertas a la leche del cielo.

Escribiendo *poesíe* competía conmigo, con todos, competía con su propia vida, contra ella sobre todo.

Les persuadía para que siempre dijeran no, y el No al No conllevaba desaparecer en la fusión, para hacer del sí un no.

–Narrate, uomini, la vostra storia– y enseguida comencé a deshilvanar las palabras, ninguna queda cosida verdaderamente, menos la muerte.

No estriba esta compulsión en reducir, sino en encontrar e iluminar con muy poco una amplia zona de sombras.

Nikhnas Yayin Yatsà Sod "del vino sacarás el secreto". "Si entra el vino, sale el secreto"

Una epidemia de poetas en este país.

Muchos hombres desnudos al mismo tiempo haciendo una melé, entre ellos todos parecemos el mismo.

Condenado a copiar a lápiz la Torá.

La brevedad le confiere cierto sentido enigmático a las frases, todas parecen entrecortadas por la voluntad de no decirlo todo, y ahorrarle sentido para darle una dimensión mayor.

Sus frases se combaban por el peso de su yo.

A su lengua debía unir su lenguaje, él les cambió el nombre, y dijo muy solemnemente en una habitación vacía: mi lenguaje es el de todos, mi lengua, la mía propia.

Él escribía desnudo.

Querrías tener el ritmo del río, y tu corazón el de las aguas subterráneas.

El favor que siempre cree estar haciéndote un editor. Solo tuve un amigo entre ellos y era un estafador [Crudo]

La lluvia a la que rezamos.

Ha muerto ayer en Madrid el poeta A.G., nada más recibir la noticia abrí una botella de cava y bebí por él, lo hice solo, nadie en casa –de alguna manera él estaba allí–, leí en voz alta uno de sus poemas, antes de entrar en la luz que nos deshace le presté mis cuerdas vocales, mi garganta, su voz era grave, telúrica, calcárea.

Tengo la sensación de que corro con un saco de tierra en la cabeza.

Ama las tiendas de campaña ¿Qué llevaba a la espalda? ¿Una casa o un paracaídas?

Se despeja el día.

Cada vez el poema está menos tiempo en mí.

"No a todo el mundo le es dado escribir como tiene que gustar *in abstracto* a los hombres en todos los tiempos y en todas las edades" G.ch. Lichtemberg, el señor Montaña de luz.

Todo debo hacerlo extraño para que tenga un sentido para mí, y mucho más allá de hoy, y ya sí, desde un día que no he vivido y desde un lugar en el que no he estado jamás, regresar hasta este ocho de febrero, día internacional de la epilepsia, y de San Jerónimo de Emiliani, fundador de la orden de los clérigos regulares de Somasca. Qué extraño me siento entre ellos.

Anhelaba que todo se escribiera solo, sin la ayuda a eso a lo que llamaba miedo, por sí mismo, sin manos, sin cuerpo, se escribía solo empujado por el aire.

Tienes ganas de ser tú otra vez.

Bajo los cielos no, bajo el cielo –no existe el plural–
es el resultado de su pesada levedad, el límite de la gra-
vedad. Hay un punto en el que ya no caerás. Ese es el
punto glorioso del poema, el de no ser atraído grave-
mente por el lenguaje de la realidad.

En cada texto debo sentir lo mismo que el topo
cuando culmina la excavación de la galería terrosa, y al
salir al mundo se ciega. En el poema ¿lo contrario? Al
comienzo de horadar la tierra olvidar toda luz.

Al teléfono sonrío, a veces se pone el diablo.

Contra la amplificación leyó sus poemas al oído de
cientos de personas.

Ella le acercó desde Albalade a la estación de Oriente
muy temprano, aún no había amanecido, parecía estar
dentro de una película rodada hacía ya algunos años. Es-
cribir es una religión, los poemas son rezos, esos rezos
se han cerrado en la boca como flores que se cierran en
la noche. A esa hora la ciudad dormía, él se dormiría en
el autobús una vez que arrancara, cerraría los ojos, él
guardaba en cada ojo visiones diferentes, en uno una
nube rojiza, en el otro esa misma nube reflejada en el
agua, por separado sus ojos no serían capaces de ver más
que un cielo gris. El cuaderno lo había llenado de citas

de ella "¿Había hablado usted de un amor actual en esa película? –ya no lo sé. Creo que hablé solo de eso"– m.d.

Ella me enseñó a escribir.

La ebriedad de la sobriedad, también su escritura se debía a un hecho fisiológico.

En esta ciudad ellas me enseñan a escribir, en Saldanha, al sol, un día de febrero, una muchacha toma notas en un cuaderno negro, deseaba estar dentro de sus palabras, encarnarme en ellas, ni por asomo puedo entrar en su mundo.

Ya no se eligen estrellas sueltas, se compra una galaxia.

Ahora los jardines son lugares de ruido, la cortacésped, el tubo que sopla las hojas en el suelo, solo el rastrillo procura un sonido más armónico, el ritmo de los brazos, igual que al escribir sobre lo seco.

Ella estaba condenada a escribir el último *poème* en el mundo.

Todas mis posesiones ¿y las vuestras? son aéreas, soy rico en cielos, aquí al descubierto.

La descompresión después de haber leído un libro inefable, un hermoso e infinito libro. A esos libros se baja muy cargado de ti para ascender a la superficie de la existencia. El mundo aparece nuevo, cambiado, hermoso durante unos días.

Cuántas veces se cambió de nombre para huir de dios.

Un silencio al cuadrado.

El pájaro del alma es invisible, los aviones, aunque aparenten ser ligeros y aerodinámicos, pesan en la tierra, en una vieja pista de aterrizaje comida por la hierba, o una vez posados en un terraplén, puedes seguir las rodadas. Lo que pesa es el alma, ella las representa dibujando en los techos pájaros azules; pasaba tardes enteras subida a una escalera, primero dibujando los pájaros con su mano izquierda, apenas entrenada más que para agarrar cosas —no quería que se notaran que eran suyos—. En una carta me pidió que le escribiera con la mano izquierda, -quiero ver como las palabras se desenlazan de ti, una mano torpe es noble e inocente, lo que me escribas con esa mano, será anotado—.

La endiablada new age.

Amputaste casi todas las palabras. Estaban gangrenadas de amor y odio: palabras muñones.

El tiempo que se curva en ese amor lo endereza ese dios de los amaneceres.

¿Me convertiré en un Alceo de dios? O un Alceo contra la nada, no, mejor, en un Alceo contra los poetas tiranos. La corrupción pérfida de la lengua ¡Que pérdida de tiempo!

El arte vive ahora sincopado, de explosión a explosión. Lo último es enmarcar corazones de delfines: lo hace Luwdig Veerland, y los vende en ferias al mismo precio que una avioneta.

Fusiones de ellos en ellos, de tú a tú, nosotros en vosotros, en todos los otros ellos en vosotros. Se crean mecanismos, por ejemplo, en el yoyo uno es el disco y la ranura y otro el hilo, por separado no existiría la sacudida de la mano, el ir y el volver de vivir y morir. La idea mayor es el círculo.

El amor, siendo un fruto tan dulce, termina pudriéndose pronto.

Antes miraba los árboles a cierta distancia, desde un punto en el que pudiera verlos enteros, ahora me acerco mucho a ellos, apenas a un metro, y desde ahí extiendo la mano y toco la corteza, el tronco, me fijo en los detalles, y arrastro mis ojos hacia la copa ¿quiero ascender o no? ¿trepar? Es toda una serie de contradicciones visuales, aunque es lo que permite oír las raíces al pegar la oreja al tronco, o palpando con la mano la madera sentir la vibración de la savia, captar la temperatura de la tierra; estaba siempre demasiado cerca del cuadro, en esta ocasión el número 14 de 1960 de Rothko, y de repente entré dentro y hablé a ciegas con él.

La muerte abandona muy pronto lo muerto.

Un hombre desarma una máquina, todas las piezas tienen sentido en la relación, por sí mismas al ser separadas el otro gran sentido, el de la falta y la ausencia, la fricción era hablar, crear la relación mediante la fricción ¿de qué con qué? entre este lenguaje y los otros ninguna.

Ella lleva sin escribirme mil años y tres días, su escritura quiso abarcar la eternidad y el infinito, lo peor no son los mil años, sino los tres días.

Leiruc me llamó el profesor del aire.

El poema tiene la voluntad de drenar la realidad.

Sublimaba el amor en la muerte.

Cuando llevo dos o tres días sin hablar con personas me he purgado de lenguaje, entonces estoy preparado para decir -escribir- mi verdadero silencio.

Lo más bello todavía no ha sido fotografiado, ni lo será.

Lo impenetrable siempre deja pasos, agujeros, huecos por donde entrar. Es seguro que no lleven a lugar alguno y sean más bien salidas, no entradas. Puertas falsas. Enseguida topas con lo impenetrable. El vacío no está hueco, y la nada no se aprehende ni se conoce ¿Se la podría representar con un nudo de soga?

Hoy no he cocinado, no he amado.

Lo inexpresable te busca.

Un par de páginas al día diría Pleyton, no más, y las frases secas piden corrientes de aire que las remuevan.

Él se cosía botones en algunas partes de sus trajes, abotonar, *taste*, coses botones, *Köpfe nähen*, las diéresis son las estrellas lejanas encima de los sonidos, y el sonido llega de ellas –Orión–. Cuando nada tiene relación y encaja, suspiro.

Verrückung, *alucinación*.

"At home" Hola Emily.

Nombres que determinan, -no predeterminan- y otros, la mayoría de los nombres.

Me llegan pensamientos e ideas teológicas que no son más que filfa.

¿Y tú? ¿Escribes para que te vean los otros en el acto de escribir? ¿Escribes desnudo para que te vean los otros en el acto de escribir desnudo delante de los otros? ¿No sientes pudor al escribir desnudo delante de los otros? ¿No? ¿Acaso no es opaco y oscuro todo lo que escribes, y por eso no sientes pudor ni extrañeza mientras escribes expuesto a los otros? Te expones, es necesario exponerse, y que el texto sea a la vez la exposición y una prolongación de tu desnudez. Quien lo lea tendrá la sensación de estar desnudo también y expuesto a los otros. Cúbrelo de cielo, de hierba, tápalo. Está desnudo, lo llamas el Nogen. Nogen, lo pronuncia el ciego junto a la puerta. Por el olor sabe quién está desnudo y quién vestido.

Sobran más de la mitad de las palabras en el mundo.

Lo inexpresable en el poema.

El sol en las aguas, de la misma manera en la muerte.

Trecho, chotre, nunca llegaremos a pie al sol.

El destino atraviesa el nombre como el aire una malla, o el agua la tierra para un largo viaje por el subsuelo, hasta que termina manando por las grietas. ¿Encuentro del destino con su palabra? Él se llamaba Montaña de luz, por eso apenas dormía de noche.

Amputaciones de palabras como: va-cí-o, nu-be, alegría, tie-mpo, ra-mas: eso, en las ramas secas que rompe en trocitos, el seco sonido, el chas-qui-do, el crack ¿estallido?

El presente se curva entre el destino y el pasado. ¿Ves esas líneas dibujadas en el cielo?

El amor tiene una estructura de varillas, se puede plegar y abrir.

Para vivir más comenzó a caminar hacia atrás.

Desde hace años aquí no llueve, los pozos están secos, así acabará alguna vez mi libro, así comenzará.

"El mundo solo se establece en el secreto" –cábala–

Las flores del páramo son las más bellas, como los hombres y las mujeres de "Lugar, no lugar en las puertas de las sombras". Para vivir allí de continuo, uno debe ser fuerte y bello por dentro. No hay muchas ciudades cerca. El agua es muy valiosa, más que el oro. Allí el oro vale menos que un saquito de polvo, y el río es imaginario.

Un poema por implosión, liso.

La lluvia te hace reír, la nieve soñar.

Él dijo que veíamos el mundo al estilo cosmonauta, supongo que también el fondo de los mares, cuando la mirada sea eclipsada por la voluntad. El plasma es solo el principio, la pantalla donde las almas antes libres caen presas. La lejanía permite verlo todo, lo entero, de arriba abajo, sin la sensación de vértigo o abismo, ya liberado de cualquier gravedad y de las fuerzas que nos atraen. Es la visión flotante, se libera el cuerpo de sus cargas y sus miedos, el hombre se convierte en un pequeño dios sin lenguaje.

Se acentúa el futuro, se pueblan todas las islas en cuanto es predecible.

Ella cambiaba las palabras de sitio.

¿Qué significa entonces el jergón de tu mirada?

Mata a la muerta ¿Cómo? Con el peso en años del sol.

Vive a la velocidad de un animal.

Ahora vuelvo a tu carta, paralelo a la senda. Antes, pero incluso ahora, pasaba rápido junto a los setos que separan los jardines de la realidad extendiendo la mano para rozar las hojas, ahora más despacio, con lentitud, ya no siento al extender la mano todas las hojas a la vez, siento cada una de ellas por separado, incluso arranco una para sentirlo todo.

El cielo allí abajo, también alrededor, encima.

Carreteras por las que voy a pie.

Ya nadie sabe dónde vivo ahora -me escribe el señor Amós Luria en una postal desde Almería- me creen recorriendo el mundo, pero apenas he salido en estos años de mi país: he coleccionado un sinfín de direcciones y moradas en lugares extraños, sin contar las casas de amigos donde he pasado no más de tres noches. En Extremadura, Andalucía, Castilla, Portugal, un invierno entero en Ayamonte, donde apenas hacía frío. [Memorias frías]

Qué poco dura la ira.

Sus *poèmes* se perdían en el mar.

Manzanas negras del ego.

En un jardín todo va más lento que en la naturaleza ¿Por culpa del jardinero?

El poeta incorruptible es el *mediocris avis* que avisté en T., después de morir, aún habló durante un tiempo su parte animal.

¿Cruzaría el ave del ayer al mañana por este cielo sin quemarse?

El ciego ara cuando escribe.

¿Zaddiq? Ahora no, tal vez ¿En breve? El camino por ahora es solo pura voluntad de alejamiento.

Una parcela de cielo, siempre me equivoco cuando voy hacia ella, todas me parecen iguales, y muy pronto las líneas paralelas desaparecen.

Amo el sol ¿Cuántas veces digo que amo algo?

Sé a mí.

Amherst ¿Qué lugar es ese? Tú tenías tu Amherst en cada lugar, campos lunares, polvorientos, cúpulas de piedra granítica ¿cuántos incendios viste cada verano? Hay los días de los incendios y los días del amor, tendías a secarte bajo interminables días de sol, innumerables días, no ibas hacia atrás o hacia adelante, sino hacia los lados, te dirigías allí, y no querías llamar Amherst a las posibles localizaciones de ti. Intraducible, me decías que era in-traducible. Nos aposentamos lentamente, dejamos que nuestro peso real deje su huella natural, uno tiende a hundirse allí donde se ha quedado. Ni siquiera vaciándonos dejamos de pesar, pesamos siempre lo mismo, aunque todo finalmente lo olvidemos ¿pensar y pesar no son lo mismo?

Una concatenación de finales.

¿escritura cárstica?

Si me quedo mucho tiempo mirando fijamente una cosa desaparezco.

Hay una velocidad para cada uno. El que vive en lo supersónico nunca llega.

Ya no convencen los poemas largos, siempre llevan al mismo lugar ¿Cuál? *Les abysses* –el título de un libro vacío–. *Vive le petit poème.*

Un yo pelado, no podría soportar más rapados.

Buscaba lugares sin cielo, lo imaginaba todo, las alturas aún más vacías.

El acentor vuela con dolor, su esfuerzo al volar es mayor que el de otras aves.

La escarcha es maravillosa, la lluvia, el aire son maravillosas, la nieve, el mar, las montañas, todo es una maravilla, el fuego, el cielo, pero nada te hace feliz, solo de vez en cuando el humo de la alegría se deja ver por tus ojos.

Amén, así sea lo que no puede a uno mismo todo.

Nos hará bien dejar de escribir durante mil años, el yermo, el erial, dejar a la inteligencia a su suerte, sentirlo como un gran beneficio y una alegría natural, como esos campos abandonados que muy pronto retoman con fuerza el mundo.

A veces sale todo, otras nada, como al echar semillas en tierra negra. ¿Confías en que salga algo? Ahora sale todo, me sale de dentro, con una facilidad que me da miedo; se diría que estoy enfermo de algo desconocido.

El mundo sabe a sal, los cuerpos, la sangre, las lágrimas, las palabras.

Nos hacíamos fotos junto a grandes árboles, Julius las revelaba casi siempre al cabo de un año en su casa de Olías del Rey, después se las enviábamos a amigos con un verso tuyo y otro mío escritos por detrás. Eso nos hacía felices.

Pasa de cerca el mundo.

Aparta a la muerte con una garrocha.

Nombres de mujer, Praga, Viena, Graz, Niza.

También comenzó a encontrar nombres transexuales: Ranning, Nägelsdorf, Krobathen o Schildhof.

Incluso vimos una corrida de toros en un pueblecito pegado al mar, comenzaron a gustarnos los espectáculos, nuestra promesa de no intentar juzgar a nadie.

Cose el cielo allá donde se desgarró.

De los inviernos eternos a los veranos infinitos.

Persistíamos, esa era la forma, la persistencia, y el pudor ante los otros de ser como somos; hubiera sido bueno haber podido deshacer el alma en cualquier otra cosa, como un dado de sal o un azucarillo se deshacen en agua, lo que se pierde en otro espacio persiste, se queda de alguna manera; nada de reencarnaciones, persistencia, pero preferíamos una mayor resistencia –al sol–, una encarnación, la ilusión de que las palabras se encostran, de alguna manera se quedan como excrecencia, o lo que se riza lentamente como un zarcillo que se agarra a la luz, o calcifica nuestros gestos y palabras. Lo natural es la fusión con lo que nada nos deja. Tampoco el amor existió desde siempre, el amor como lo que se fusiona en la nada desaparece en un día de aire.

Conocí una vez a Angela Guttmann, brillaba como el sol de invierno, se marchó rápido.

Un poeta jesuítico más que levítico.

Sans aucun doute, la Arcadia perdida pudiera ser muy bien Extremadura, la erosión de los recuerdos se traduce en belleza. El paisaje es absolutamente real y verdadero, y esto es excepcional, una mezcla de dureza y dulzura, como mi madre.

El destino de la mayoría de las cosas es quemarse solas, combustionan bajo el cielo.

El cielo se queja.

Ella me preguntaba ¿Qué es eso? Me preguntaba por el mundo, no llegaba a ser un interrogatorio, alguna palabra crujía, solo alguna. ¿Qué habrías pintado de ser él? El infierno de Strindberg, entre lo que parece ser un prado negro en vertical, musgo agarrado al cielo, una gran mancha blanca ya sucia, pero solo era una visión de conjunto, así no es ni de cerca.

[Yo] a través de ella escribo para nadie.

He aquí el nombre de algunas estrellas que se están apagando. ¿Qué conjuntan? ¿Energía negativa entre todas ellas? Son como un dedal de sal en la boca. Están tan lejos que dan hambre.

La rosca de la ideología en el poème.

"La horda de los nominalistas me aconseja escribir, la inamovible chusma contradictoria necesita otro escenario" escribió K. Pero ahora solo me quedan palabras como escoria, turba, desalado, objeción, llanura. Estoy lleno de ellas como la habitación olvidada, allí seguimos llevando el resto de los ríos. Me desobedezco, y como un insurgente hablo de esperanza, lo malo es que camuflo la palabra en el beneficio [Nutzen]. Allí veo la tormenta seca de mí mismo, podría serle beneficioso a los otros, ellos danzan vacíos, aun así, el espacio gira cada vez más lentamente. Me he cansado. He quitado todas las cortinas, escribir sin ellas, no porque sean negras o azules; como no puede volver el hilo a la nada yo tampoco. Destejer conlleva un esfuerzo inútil, servirán para otras cosas, como escribir sirve para determinar. Ahí, en el centro, tiradas las cortinas durante mucho tiempo esconden los días de sol.

Fuego de pastos en la llanura empujados por el ligero aire de poniente a finales de septiembre.

El negro de los arcoíris.Hoteles donde se va a morir, el mar, un balcón al mar. La imagen es precisa, pacientes o huéspedes entrando por una puerta, un escenario en el que solo baila el aire con los pinos. Apenas hay palabras, solo un silencio roto por los golpes del mar. La marea sube y baja, la vida y la muerte representan la misma oscilación, se ajustan mecánicamente a la ley que nos atrae y nos repele. Parece un guion para una película en la que apenas hay diálogos -eran imprecisos, un coloquio banal entre el que ya no consigue defenderse del mundo y el mundo- representado en alguien que aparece y desaparece de la imagen. Ese es el espacio en el que entra la poesía. Ella domina las escenas con la misma imprecisión que la realidad. Todo es real, incluso lo que no lo es. La muerte parece estar jugando a no ser, el espacio del mar se rebela impreciso, de hecho casi nunca se ve, solo se oye esa respiración branquial y azul. El enfermo o el huésped está siempre frente a mí, y yo, por supuesto, le doy la espalda al mar. Me interesan sus ojos ya vacíos, fijos en el sol, la luz no parece hacerle daño, tanta claridad es un erizo clavado en su frente, el aire o brisa mueve ligeramente sus cabellos blancos. Un erizo con púas de oro. La poesía está ahí, pero no se deja escribir, al menos yo no puedo, no consigo más que atrapar unas cuántas imágenes negras, como en el Four Darks in Red de Rothko de 1958. La Sinfonía Nº 6 de Gustav Mahler sale de una caracola gigante junto a una pista de tenis tomada por las malas hierbas y una piscina vacía. En el melancólico sonido de fondo una armonía alegre. Lo mejor de la música es lo que no se oye, el silencio abisal de dios. Él bebía un negroni, lo amargo protege del cielo, esa bebida le da al cuerpo una carga de luz, el destello de un ser perdido en sí mismo. Pero eso no se deja escribir, casi nada se deja escribir. Solo ese hotel, justo allí donde acaba la idea del mundo, de un art nouveau ya desfasado, rodeado por un parterre futurista con fantasmas tomando el sol, pudo ser levantado en aquella playa durante los años de fiebre del siglo pasado. Ahora parecía un molusco gigante comiéndose a pacientes y huéspedes.

Él o ella se prohíben palabras –a sí mismos– la más desgastada era alma.

Aún sale aire de las palabras, todavía expuestas al sol muerto.

Rezos a la carta, tú el Maariu o el Shemá hasta zarandear el cielo.

Dice que ha creado una lengua, también su alfabeto de espermatozoides.

El ojo del cielo ¿es? ¿no es? ¿ve?

¿Algún título que supere al "Guardián entre el centeno"? Los bellos nombres del apocalipsis.

Se sentía sucio después del discurso.

Siempre es el mismo invierno.

Destinado a la ruina y al derribo. Ahora no habría obtenido los permisos necesarios para su remodelación. No diré el nombre del hotel, y ocultaré con una mano sobre el mapa el lugar donde lo levantó la ira azul del mundo. No quiero que nadie regrese a ese lugar. Se disolverá por sí mismo al final del verano. Me aposté en la puerta como un portero de discoteca con un libro de Jakob van

Hoddis sostenido en la cabeza, y no dejé de recitar en voz alta su poema Weltende, o Fin del mundo. Solo los que están muertos vienen a resucitar a este lugar. A la habitación azul la llaman el cielo, en ella se alojó un día de 1970 Gisèle Celan-Lestrange con su hijo Eric. Al hotel lo terminé llamando *Coquille noire*. En una postal dirigida a un amigo de Cáceres que escribe novelas de viajes, le dije que Coquille noire era lo único que había logrado escribir en muchos días. Aquel nombre terminó significando de alguna manera poesía y salud. Más tarde le mandé un poema a H. [-Se mimetiza en la tierra lo que es del mismo color, un kilo de sombra pesa el cielo-]. Un lugar para curarse del mundo y no morir. Los pacientes y los huéspedes se reúnen en el mirador todas las tardes a contemplar la puesta de sol, aplauden en el momento que desaparece en las aguas y se emborrachan. Esa es la medicina prescrita por el Doctor Augusto Ganivet. De espaldas al mar veía los ojos del anciano poeta Kurt Heynicke hundirse en el fango de su memoria. Su mirada ha ido quemándose, un vasto fuego le recorre el cuerpo y apaga la noche con negroni. Una película en la estela de la nouvelle vague, tan aburrida como los 400 golpes de Truffaut. Pero la poesía que estaba allí no se dejaba escribir, acaso porque vivía y estaba más viva que ellos, o porque salía pus de las palabras, de nuestras palabras que habían pretendido ser azules y seguir vivas en la muerte. Esos días en Coquille noire la indeterminación era la felicidad, cualquier cosa sin importancia nos devolvía la vida perdida. Tú dormías más que yo, pasabas muchas noches en vela, te costaba conciliar el sueño y echar de tu cabeza los pájaros y la luz fuerte del verano. Una vez te lo dijo P. y terminó escribiéndolo en un papel. Tu cabeza era un depósito de luz, una habitación encendida todo el día. Jamás tuvimos un huerto. En un huerto nos habríamos desfondado, cansado lo suficiente como para dormir un poco mejor de noche. Bebíamos demasiado, nos gustaba beber de la misma copa la noche sin fin. Me quedaba mirando el mar más tiempo de lo aconsejable, esto también me sucedió cerca de las montañas. Frente a una montaña solía quedarme mucho tiempo contemplado el espacio sin fin. Las montañas están llenas de matices, innumerables pequeños accidentes y cosas con las que visualmente hablamos, a ellas se va a vivir, y aun así su silencio perimetral, acongojado, ese gran silencio manando de ellas, denso, azul, luminoso, más sus rostros, el perfil, su peso. La posibilidad de encontrar en el allí lo perdido, una senda o carretera que asciende hasta alguna plataforma, y la línea, segura, nítida, ya en altura, donde termina desapareciendo la vegetación, entonces la roca desnuda, el paisaje lunar, lleno de costras de un verde negruzco aparece como una mujer vestida solo de cintura para abajo. Mucho tiempo tumbado frente al mar nos aburría, los ojos enseguida comienzan a pestañear, a divagar siguiendo un barco, o ese punto invisible que jamás se mueve, y te atrapa llevándote de un lugar a otro. Lo bueno de todo esto, y también lo malo, no deja de ser ese momento ya no causado por la imaginación, sino por la misma realidad que siempre se arremolina en torno a los ojos, entonces unas montañas emergen del mar. A ellas querrías llegar caminando sobre las aguas. Una vez se lo leí a Michel Houellebecq. Alguien a mitad de la década de 1990, sintió agudamente el surgimiento de una carencia monstruosa y general; como no fue capaz de dar cuenta con claridad del fenómeno, nos dejó algunos poemas en testimonio de su incompetencia. En Coquille noire dejé esto escrito en el libro de visitas [Negro el negro, dentro canta uno, él, ¿ella? apuntalamos con pinos secos el cielo, de espaldas se le ve alejándose hasta que solo queda el negro, la densidad azul de cada uno, cantaba un pizmon al sol, lo que se ve ya no se ve, como en nosotros el amor más allá de muerto] Cualquier viaje te deja huella, pero no siempre los viajes más largos, en los que más tiempo me ausenté de T. dejaron en mí las marcas más profundas, solo si fui capaz de ausentarme y de sentir la propia ausencia, la huella o marca llegó a ser más profunda. Renuncié al avión, debía sentir la ausencia propia, el hueco que dejaba atrás. No iba a lugar concreto, y jamás llegaría a aquello que deseaba. Mis viajes no eran más que tránsitos, inercia, movimiento. Si me hubieran salido alas -la realidad guarda sorpresas aladas, momentos en los que sentimos que nos vamos a desprender de todo peso- habría intentado el goce de la imposibilidad, pero esas alas nunca salen más allá del puro lenguaje que nos habita, hasta hacer posible que acontezca casi todo menos lo que ya sabemos imposible. Nada por ti mismo puede conseguir que te eleves a un palmo del suelo manteniéndote a esa altura sin caer, al contrario, el peso de nuestras prótesis, y el denso cieno de nuestra edad nos afirma aún más sobre la tierra. Siempre fue más fácil caminar sobre las aguas. Pasados algunos años el mejor viaje estaba por venir. Después de una larga caminata bajo el sol por la tierra natal sentí que al fin había llegado a uno de esos viejos páramos a la orilla de un río. Había visto a lo largo de mi vida sacar del agua a muchos ahogados, siempre en películas americanas. Solo una vez fue real, tenía ocho o nueve años, un día de julio de mucho calor, a unos kilómetros antes de que el Tiétar se entregue al Tajo, en un paraje llamado El Sifón de Dios. Ese momento gana a todos los momentos. El viejo instante aún no se ha revelado, la luz fuerte de aquel día cegó todos los fotogramas. Todavía no se ha podido revelar la revelación. Por eso aprendí a bucear.

La poeta Simone Weil, mi primera novia, "Hanayome" en el cielo.

Decía que un poema debía sonar como una *"Riesenrad"* Rueda gigante, una Nwria.

Allí a los muertos les cosen el cielo alrededor.

Flores de cardo para cuajar el ser.

No hacía falta estar drogado para escribir –The soul like a clambering. Water vascular system–

Se fosilizan los sentimientos, dentro de las palabras encuentra titanio.

Me encuentro con un viejo desconocido y me llena de su pasado.

La crítica conduce el poema hacia ¿dónde? Igual que un niño un coche teledirigido.

Nubes con formas de nube, no guardan otras formas, jamás verás en ellas otra cosa que no sean nubes.

El Tajo en sus ojos es un río azul, desde Os Casi, cielos sumergidos a los que mira para leer los cienos.

¿Qué me cansa? Me cansa casi todo, tú me cansas, y yo a ti te canso, juntos nos cansamos de estar echados en la cama un domingo entero, así quedamos más cansados, en primer lugar, de nosotros mismos, tú de ti, y yo de mí. ¿Enero? Es el mes más largo, dura demasiado, es eterno, cualquiera de sus noches es eterna. En lo que escribimos se nota el cansancio, nuestros poemas tienden a ser demasiado largos, como la carretera de Valtus, tan larga que no va a lugar alguno. Las pastillas nos ayudan a dormir, los poemas a respirar mejor. En cada pastilla para dormir hay un ángel reducido a una síntesis, un poème es la síntesis de dios.

La voz tiene hambre de palabras viejas.

El poco a poco se ha convertido en el mucho a mucho, *el* nada a nada en el todo a todo. *Elle a jové contre moi.*

¿Cómo está el cielo hoy? ¿Más bajo o alto que ayer?

El pájaro, tal pájaro, entra en su nombre para siempre, ya un ave de avisos ¿Y de qué avisa? ¿Le queda grande o pequeño el nombre? –Cotovía–

Flores que huelen a océano, *maritimis febribus*.

Ahora solo tejía mallas y redes para espíritus.

Ella también movía las aspas con las manos cuando no había viento, movía cosas que estaban paradas o detenidas, mi tiempo, por ejemplo, y escribía sus poemas soplando sobre la hoja de papel, a cada soplo reaparecían los signos, las palabras según se iba derritiendo la nieve.

Déjame escribir y estar a la vez en paz conmigo mismo.

Entre dos personas había un bosque, un rayo produjo el fuego. Se apaga solo, como en los tiempos de A.P.

Sacaba largas cuerdas de la boca.

Cuántas fotografías en la nieve en el invierno de 1967, con apenas un año en Korvach Valdeck, y la rotura de un espejo en un hotel de París.

Describe los cielos como si fueran techos.

Todos los amaneceres, salvo matices, son iguales, ningún crepúsculo o puesta de sol es igual a otra, el de ayer tan distinto al de hoy. Igual los hombres al nacer y al morir.

Otra vez a vueltas con la muerte, desearías conocerla en espiral.

El poeta chamán adora el sol odiándolo. Su luz es odio.

Todo tiende a simplificarse a cambio de ser animado y cargarse de alma. La luz que te ayude a ver –por ejemplo– vendrá a través de ti mismo.

Va montado en un caballo de piedra sobre el mar.

La verdad siempre es trágica, sumaria, la mentira azul.

En su grado máximo de pureza tendía a lo negro ¿Lo blanco?

Curvas de escritura, no hay que salirse del yo.

No vivas en islas le decía a menudo, no vivas en ellas. Sus nombres engañosos, flores que huelen a otras, no a sí mismas. No vivo en islas le contestó ¿O tú eres una?

Nada un mutilado en un lago, escorado debe encontrar su forma de nadar, un nuevo estilo.

Cada palabra guarda su peso exacto, por ejemplo -piedra- A cierta altura ya no se caen.

La noche se cubre de canas, la sábana, la almohada, los olores personales más íntimos de abajo a arriba, lo que sube hacia los ojos, ya no nos peinamos, la cabaña huele a cielo, a tierra húmeda. Suelos alfombrados de pinochas. Deseamos caminar descalzos por la pinocha, renunciamos a cualquier edad vivida. [Cabaña]

El sol que penetra por las encías, los oídos, las uñas.

Ya comienza a sobrar mi nombre en la cubierta de mis libros.

Él era un filautero, sin saber el significado, ante cualquier cosa se reía, se reía por todos a la vez, nos regalaba la risa que nos sobraba.

La gran circulación banal de las cosas muertas, en cuánto comiencen a chocar los satélites unos contra otros, guerras allí arriba, en el aire, guerras de amantes en las distancias. Un dirigible hacia la eternidad. [Einzelhaft]

Los esquistos de la alegría.

"Heile Natur" mundo interior, pero incluso, para caminar por un mundo así, hacen falta estos campos reales, las extensiones, los páramos, aquellas montañas azules, es entonces y después de haberte cansado hasta la extenuación, y de no saber acaso por donde vas, ni adonde quieres llegar, que de pronto bulles y manas, hechas fuera todo, te hechas fuera desde lo más profundo de ti. Después de unos días en Soria me perdí en un lugar maravilloso a punto de arder, el no lugar que no ardería si no le arrancabas el nombre. Mis palabras moverían el no lugar un poco hacia ti que guardas el agua.

Ella inflaba mis libros.

Literal, en su corazón podía entrar el aire, de una mala traducción de un poema de Amós Luria.

Balbucea contra los dioses. ¿Le oyen?

Ella escribe para siempre. Solo escribo un camino, *dice*, temo levantar polvo en los pasos, temo no hundir apenas el trazo. ¿Desaparecerá? Pasad por ahí, pasad cada cierto tiempo, es como si a la fragilidad se le debiera unir la desaparición. Entonces ya no existe el camino, sino la senda entre arbustos quemados.

Ella conocía la edad de los cielos, los cielos más viejos eran alemanes, rezó en Bonn un poema de Paul Antschel.

Todo está dedicado al dios del subsuelo.

Por todos los poemas intraducibles ¡Amén!

Kuei contra Tiânshi, la velocidad del viento aviva la luz.

Hay que inventar en torno al poema el mundo que lo sustenta.

Amo el silencio de las tierras altas, en especial, el de estos páramos de San Castor, por cristalino y denso, la descompresión de todo lo que hay allí abajo, subes como un globo que se le ha escapado a un niño.

Ornitólogo de almas, anillar voces.

Ahora arranca toda hierba alrededor de su corazón.

Fin de la era de los proverbios.

El sol del color del cobre en noviembre, ya se le puede tocar.

Sabía si un poema era bueno o malo solo con mirarlo de soslayo, -dibujo del poema lo llamaba- como de lejos, las montañas nos están invitando a ir, o expresan un silencio de milenios.

He tejido tu alma me dice ¿cómo? ya lo sabes, temo que se deshilache, no que se destiña.

Suma sus pelos, los cuenta para asegurarse una parcela de eternidad, le gustaría conservar un alma a jirones.

Tus sueños son el cine que ve el dios del lugar.

Se exponía a sí mismo, él era la obra inacabada de sí mismo. El tiempo se quiebra en mi escritura, pero aunque el alma, o lo que ellos llaman el... se fracture en palabras de amor demasiado inseguras, finalmente ello puede llegar a pesarse en la rama seca.

"El que lee mucho y anda mucho, ve mucho y sabe mucho" Miguel de Cervantes.

Su balbuceo es el poema de Rakiljen.

Siempre vuelve al principio, "siempre" es la palabra de aire, desterró la otra, el "nunca", que se manifiesta como un lugar o espacio. Cortó toda relación entre el "siempre" y el inabarcable lugar del "nunca". Llama principio a cada mañana.

Un junco no puede atravesarte, el poema está lleno de juncos, es la apariencia del "*podría*" llegar a ser en todo, así el poema vive más tiempo.

Sectas poéticas de mi país. Hoy se mueve el aire, es el principio de la alegría, el ligero movimiento del aire, *la brise noire* en las sienes.

Describe una cosa y habrás perdido el alma.

Me enfrío, debo enfriarme como los árboles.

No soportaba ya tantos poetas, a los setenta y dos mil quince poetas censados en su país, *la plage* de los bobos, a los x *und* y al cuadrado repartidos por la alta meseta de los Achos y el litoral de piedras rodadas. Lo que le dijo Cervantes fue "La verdad adelgaza y no quiebra, y siempre anda sobre la mentira como el aceite sobre el agua". Comenzó a llamarse por accidente Shijin, al menos estaba condenado a dibujar la palabra –solo en el dibujo alcanzaba el máximo de expresión, y la totalidad de su alma encerrada en ellas, como un pájaro en una cesta bocabajo, preso– *Maudit Shijin*.

Dice enjuagarse la boca con el cielo, luego escupe la esencia.

El tejedor es sustituido por la tejedora, ella que escribe de abajo a arriba quiere vender la luna con gasa negra.

Benjamín en Einbahnstrase: "las citas son como los salteadores de caminos que irrumpen armados y arrebatan la convicción al ocioso paseante". Añado que en ocasiones son amantes que se quieren colar en la fiesta, y bailas con ellas sin saber los pasos, otras adornan como un cuadro malo la habitación en la que escribes, pero sobre todo son las frases de los ángeles que guían al que te sigue para que no se pierdan.

En tan vasto espacio desperdicias la vida, y los llamas habitación esteparia. No tiene ventanas.

Los malos poemas se apuntalan con citas, los poemas inefables, en un continuum hacia ellos mismos, pueden referenciarse en fragmentos rotos de otros poetas.

"El eterno retorno de las cosas es bien conocido por los niños" Walter Benjamin.

Las manías "poéticas" de los norteamericanos. Ahora están jugando con la lengua –las permutaciones de lo solar– Son agê d'or. Más que a los límites llegan a las afueras de todo lenguaje poético, una lengua con sentido supersónico, en la que las palabras quedan vaciadas al poco tiempo de haber sido traspasadas por el significado de otra, *light casing*.

El poema se quema al mismo ritmo que el sol.

Cosas que arden y no se queman para darte toda su luz, el hierro al rojo vivo.

No hay definición posible, se abre demasiado el abanico invisible, y los más invisible son las varillas.

Un poema que habla solo.

En su corazón hay un loro que repite, cloak, cloak, buf, buf.

Los rezos de Paul Antschel me llevan a ti, lector preferido [Literatura comparada]

Contra ellos me convierto en una noche, me ven desde lejos.

En el parque Fernando Pessoa, echados sobre una hierba rapada, pincha el texto, tu texto de hierba crecida, tu caligrafía herbácea, crecida hacia el cielo.

Peludo hasta en el alma.

La altura del cielo es indeterminada, lo vacío escucha, te escucho en lo vacío. Cuando me escribes una carta te escucho, oigo lo que se va quemando. Una última carta desde un lugar muy apartado a otra última carta llegada desde una ciudad del Sur. Algunas cartas se guardan dentro de libros. Entre las páginas de la segunda edición española de *Einbahnstrasse* de Benjamín hay dos cartas finales.

Veo estos montes todos los días desde hace cincuenta y siete años.

Reír hasta cegarse.

Los colores del silencio, el tuyo azul.

Las telas son de nailon muy fino, es mejor desgarrarlas como cuando corta tu humor la nube delante del sol.

En lo que escribo los demás se pierden ¿Se encuentran más tarde a sí mismos?

La originalidad está sucia de sí misma, lo que nace, o

lo que es creado de la nada. Resulta ya imposible un *poème* original, a no ser que un lenguaje ya no de este mundo, sino de otro, pudiera, por una extraña fuerza, darle un sentido de extrañamiento a la vida, ni siquiera así logro ver más que días por delante que no serán. Mejor pensar o sentir que la poesía ya no es posible en un mundo de molduras, hormas y palabras troqueladas. Lo mío es solo una queja, la fuerza creativa de la queja.

Ninguna palabra perdía su significado al ser troceada, segada se llenaba de hiatos.

Renuncia a la invención, se le cuartea la mano.

La adicción de escribir en algunos casos. Ella llevaba enferma más de mil años, pero mientras tuviera fuerzas amaría y escribiría, amar y escribir eran lo mismo. Una adicción al amor y a la escritura. Lo primero que había escrito fue el nombre de aquella enfermedad inefable, y lo último, ayer mismo, el nombre del amor.

Nunca se habla de más, el pecado de escribir de menos.

Siempre las fiestas en J. acaban en lluvia [Puesto de observación de aves]

También se quema la lámpara, *piano, piano*, pero se apaga de pronto, el chasquido del sol solo podría oírse de noche, por interrupción, la vela simboliza la vida.

Cada vez que acudía a aquella palabra era por una imposibilidad, tendía a repetirla ¿y se desgastaba el cielo? Después volvía a las palabras más sucias, a las p. con las que se vive.

El aire de cola ayuda al avión a ir más rápido, pero no por empuje, solo por desgaste. En el ser, la memoria de manera parecida. No se puede atravesar la nada ayudado por la fuerza, sino por el vacío. Nada allí se roza.

Escribir un poema falso, un "cant". No sabría hacerlo, como hay tantas cosas que no sé hacer, las cosas que hace un pájaro.

Ahora escribe poéticamente, se retuerce.

En poesía su canto es el del Sisón.

Sans aucun doute, la Arcadia perdida podría ser muy bien Extremadura. La erosión se traduce en belleza, el paisaje es absolutamente real, verdadero, y esto es excepcional, una mezcla de dureza y dulzura, como mi madre. Hay que levantarse muy temprano, salir de la casa de piedra encalada y perderse por el bosque de castaños, más tarde el sol te podría matar. La cal cubriendo la piedra es la camisa. Llevo todos los días una camisa blanca. Tengo siete. Creo que fue en este lugar donde conocí a Ángela Guttman, ella brillaba como el sol en invierno. Se marchó rápido. Época de incendios, el calor azul del tiempo. A todo esto, -como un Handke perdido en un lugar remoto- me sentía totalmente dueño de mí mismo, como hasta el momento solo en los tiempos sagrados. ¿Comenzaba ahora, pues, un tiempo sagrado? Aún te enviaba lo que no se puede enviar, porque pesa casi nada, y no hay modo de saber si se pierde o no, ¿las palabras? eso creo, se pierden en ti y en mí, se pierden en todos, las escritas también, sirven por un tiempo, dan servicio, entran muy dentro, actúan como las lombrices en la tierra, o los anuncios luminosos de noche, pero en otra dirección, no lo sé, ese hacia donde nunca lo he sabido. Tal vez volvían de muy lejos después de haber atravesado el mundo. Aún te las envío fuera de sí, vacías, creo que así pesan menos, sin intermediarios. Lo mejor es que ya no se pudieran leer, apenas, en conjunto, me refiero a eso, por haberte llegado desordenadas, y tan mudas que dan lastima. Supuestamente y despreciablemente lírico, ese lenguaje quema el lenguaje, lo deja arrasado, un incendio de monte bajo, maleza, secarral. Algunas aves huyen, verlas volar bajo, rozando con su pecho la ceniza, más rápido que de costumbre ¿Por qué persiste lo absurdamente lírico? En las noticias de la televisión las imágenes de la tierra quemada tienen de fondo la primera sinfonía de Mahler, Titan ¡Vive le spectacle! Este es el preludio del fin. Aún no se atreven con Wagner, siempre más apocalíptico. ¿Qué me cansa? Me cansa casi todo, tú me cansas, y yo a ti te canso, juntos nos cansamos de estar echados en la cama un día entero de agosto, así quedamos más cansados, en primer lugar, de nosotros mismos, tú de ti, y yo de mí. ¿Enero? Es el mes más largo, dura demasiado, es eterno, cualquiera de sus noches es eterna. En lo que escribimos se nota el cansancio, nuestros poemas tienden a ser demasiado largos, como la carretera de Valtus, que no va a lugar alguno. Las pastillas nos ayudan a dormir, los poemas a respirar mejor. En cada pastilla para dormir hay un ángel reducido a una síntesis, un poème es la síntesis de dios. Más tarde, para cansarme menos, recuerdo un viaje reciente por el país que se quema. Viajaba en autobús con una amiga que tenía la compulsión de documentar en un cuaderno secreto todas las frases y palabras estampadas en los muros y paredes de las ciudades por donde pasaba. A esa aventura la llamó "Empreintes de pas" Por otro lado, siempre mantuvo que era el único libro que en verdad escribió. Comenzaba: "Os melhores libros para as suas ferias – Marcher– Ciudad de Coimbra, un 4 de julio de un año cualquiera. Muros llenos de gritos y necedades. Trazos negros. Después estaban los signos, "firmas" de grafiti, lo ilegible del nuevo dios por llegar. La lengua revelada para los días del fin del mundo, escatología donde la boca se come la mano. Salía de la casa de piedra muy temprano y bajaba por un camino de tierra hasta una charca, después el sol te podía matar. A la espera de un lenguaje virgen, que ni siquiera los periodistas manoseen hasta convertirlo en mierda. Un lenguaje no habitado ¿silencioso? No lo creas, apenas es más silencioso que las palabras muertas. Quemaba el aire, la arena, los incendios avanzan, lo lírico, aquellas aves huyendo del incendio. Quema el lenguaje. He aquí un poema sobrevenido intentando el lenguaje virgen que esperamos [No iré al mar, no iré al sol, no iré detrás de ti por la arena que quema, y así se incendió el cielo] Mi amigo con el que cada mañana bajo a la charca persiste en ser un Christian Wagner, un Ernst Meister, o Luwdig Hohl antes que un L.G.M o un A.C.. Dentro de la charca de aguas verdes, una sopa caliente llena de higos caídos, él suele hablar de lo imposible. Flotamos en el agua mirando el cielo blanco. Más tarde el sol te podría matar. Hay un camino que se fue haciendo poco a poco, de pisarlo, de ir todos los días al mismo lugar. Antes de ello hubo una línea invisible, ni siquiera eso, la idea previa de la línea, de pisar muchos días la hierba, como esas que hay en los parques apenas cuidados en algunos barrios de la ciudad. Los caminos perpendiculares del alma. Mi amigo dice que los pájaros no mueren, solo desaparecen. Carmel dejó ayer, a la puerta de la casa, una cesta de picotas. No valen para la venta, por su pequeño calibre y algunos defectos en la piel. Muchas están picadas, son las más sabrosas. Todo lo que tiene un defecto guarda dentro lo armonía del mundo, el saber verdadero de la tierra. Ya no me fio de lo perfecto. Si hablamos mucho nos rompemos pronto, si callamos mucho, nos pudrimos lentamente. En lo infeliz habita la alegría, como en los cañaverales junto a las aguas residuales algunos pájaros muy esquivos. He escrito sobre cosas inanimadas, me dice mi amiga, la roca y el agua, el hielo y el sol, ahora tú añada, inanimada como las grandes extensiones vacías del mundo. Terminé de coser lo que otro había zurcido. Nunca me dijiste que lo escrito en mi era el zurcido del mundo. En lo inanimado estabas tú. Hay que saber imaginar el sol totalmente apagado –no creo que sea negro ese sol muerto– más bien amarillo, el amarillo de los campos de Velada, apagados en agosto, de un amarillo que tiende al blanco antes de arder. No se cansaba de atravesarlos camino de la nada. Aquí, durante el día entero, encerrado en la casa de piedra, corría el riesgo de convertirme en un predicador de la nada. Profería solo absolutos, me hinchaba como un globo con el calor del sol. Solo había aire dentro de esas palabras incendiadas. Estuve cerca de ello, me empeñé mucho para llegar a ser un Willian Gouge de la nada vestido a lo Colin Firth. Para agarrarme a la realidad más sucia me empeñaba en las siestas con algo de Houellebecq, siempre le tuve en cuenta. El señor Houellebecq me avisa de captar alguna imagen con mi teléfono, considera con rigor que la mirada inteligente de un observador del terreno es superior a la reproducción fotográfica. Los ángeles trabajan su mudez, no sueñan, no existen más allá del lenguaje, eso les hace poderosos. En nuestro ser está el código de la destrucción, nuestra autodestrucción conlleva la destrucción de la realidad. El canto de los pájaros ahora apunta hacia el drama, los chillidos de las aves al amanecer son más violentos –su canto es un amoniaco del aire–. Congoja, pero la poesía está siempre lejos del drama, solo la vida plena va con ella, incluso celebra lo que desaparece en un cruce de alegría y melancolía. Ella se vuelve cada vez más extraña, tanto que un poema ahora solo es un documento de lenguaje que balbucea, un lenguaje que se quema para iluminar la nada. Lo que destruimos está por venir. Destruimos primero el alma. Ya lo hemos destruido –la palabra alma es inútil– impronunciable ahora, termina quemando el poema. Cada vez que alguien la escribe en este tiempo horada, inscribe con gubia el aliento de la nada. En un poema esa palabra ahora resulta aún más falsa e impredecible, termina quemando el poema, lo vuelve invisible, y todo lo demás se hace visible. La realidad misma que también destruimos. Todo ya es visible y en último término destruible. Pero mi amigo dice que los pájaros no mueren, solo desaparecen. De los paisajes de otros veranos, las dunas tienen el poder de ofrecernos el alma que nos falta –se lo habíamos regalado al cielo antes de tiempo– Dunas muertas, asentadas, detenidas por barreras y empalizadas, y fijadas por una red de raíces que me recuerdan a tus pensamientos. Después del dolor de fluir, el dolor de hablar de cualquier cosa que me desviara del poema esencial al que estaba condenado, hasta coronar altas dunas desde las que ver el mar. La dificultad de andar con los pies desnudos por la arena. ¿Cuántas formas de caminar existen además de caminar por las paredes y los techos? Mi amigo dice que infinitas maneras de andar. Cada paso se hacía sentir en el cuerpo, apenas se avanza por un suelo tan poco firme; además del propio cuerpo se arrastra a otro, te llevas en la espalda como a un herido, o soportas una mochila llena de ti. Querrías haber estado más vacío entonces, ser más ligero. No son huellas, sino hoyos que se llenan de luz. Toda esa arena dunar es tiempo perdido, muerto. El paisaje que se movía ya inamovible, detenido, por fin muerto, sujeto a la tierra y aplastado por el cielo. Su naturaleza era cambiante, cada año se trasladaba y se remodelaba, y sin embargo esas dunas, ese paisaje tenía el poder de ofrecernos el alma que nos falta y el sentido último de libertad.

¿Cómo? No lo sé, pues era un dictado al aire, o secretos balbuceados en la luz. Había que estar atento al *poème* del mundo que finalmente se deshace en la boca.

Mide el infinito por pelos.

Él decidió arrancarse el nombre, no llamarse de ninguna manera, asumir una cierta libertad de todo para con él.

Busca a aquellos que nunca amaron a nadie y a nada, ni siquiera a sí mismos.

¡¡Ah!! esto y aquello, lo ingente y apropiado, pero todo junto, ahí reunido, escamoteado no puede llegar a ser uno.

Artificial intelligence, vuelve dios: ahora podría decirnos quién es.

Alma, almo, malo mala, álamo, álama.

"Cuanto más la obra de un poeta sea poética, tanto más su decir será libre: más abierto a lo imprevisto." *Martin Heidegger.*

Papanatas nadando, les eché de mi paisaje interior.

Ya éramos tres mil quinientos sesenta y ocho según el último recuento.

Las múltiples y diferentes formas de risa y de reír que él ha ido grabando a lo ancho y largo del mundo [Antropólogo]

¿Cuánto debo acercarme a ese silencio para oírlo?

El tiempo en su fuga vertiginosa hacia adelante, parecido a la experiencia de una gran riada imparable, mientras te pasa por encima te atas a algo para no ser arrastrado, la experiencia queda esparcida a lo largo del cauce. He ahí el endiablado salto exponencial del tiempo, después comienza la espera, el tiempo de la espera y la experiencia de la nada.

Le llamábamos Magnet. Todavía vi a mujeres dar el pecho.

Un poeta ¿Ético?

Igual que lo sombrío no es la sombra. ¿Basta un hilo tenso a la altura de la boca del hombre, al mediodía para verlo proyectado en el suelo? Habría que acercarlo mucho a la superficie para notar su sombra en la tierra.

"Nada distingue tanto al hombre antiguo del moderno como su entrega a una experiencia cósmica que el segundo apenas conoce" *Walter Benjamin*.

¿Por qué no? ¿Por qué sí? Era rimbombante.

¿Cómo hubiera sido yo en otra lengua?

Sé que muchas verdades, pongamos una v. sobre otra, se fundamentan en muchas mentiras, supongo que al contrario es lo mismo. Él hablaba más bien poco, temiendo decir siempre más de lo que precisaba. Había taponado sus oídos, las orejas eran extremadamente grandes, de elefante, para apenas oír a través de ellas, le fascinaba leer los labios de los otros cuando hablaban entre ellos, solo así detectaba si era verdad o mentira. Pero le daba igual, era consciente de que la verdad no servía para mucho.

Recuerdo no sé cuántas cosas que jamás viví.

Los caminos tomados por la hierba y las... después del invierno, apenas pasó alguien por ellos, ¿podemos aspirar a algo más? Tú eres la que mueves las aspas, el sonido chirriante del eje soy yo. ¿Cuántas cosas soy? Los puntos que unirás con las líneas que trazas con el lápiz.

Lo posado en la tierra se ha aligerado en el aire.

No dejan de llegar nuevas palabras. ¡Estamos indefensos!

Diferenciar el sabor de las "leches", de muchas de las "leches" apenas matices, incluso un sabor para ti cada vez más extraño ¿no de este mundo? Como ahora los poemas de unos y de otros. Pruebas muchas ¿y? ¿entonces?

También miro mucho el cielo, cada vez más, comencé así mirando el mar, pero me perdía fácilmente y me llenaba pronto de mí mismo. Me llenaba y me escapaba una vez lleno de todo eso, como lo que rebosa, lo que estalla y se desparrama. Con el cielo no me ocurre eso, solo me pierdo y desaparezco en él. No encuentro un espacio mejor donde no estar.

A ella mi interior, mi *Heile natur*, le recordaba a un ruido de goteras en un almacén abandonado.

Quería unir su silencio al de dios en el chasquido de una piedra.

La luz del Sur, y como la envolvía en palabras como advenimiento o sal.

El paso de los gansos cada año, las variaciones de fechas, las oscilaciones que un observador avezado apuntaría en un cuaderno. Lo que nunca se termina de aprender bien es la altitud de vuelo, también es oscilante, la velocidad de crucero siempre la misma.

Escribe sin precisión, eso le libera de sí mismo, pero se acelera, lo acelera todo, de cada palabra se oye la respiración, incluso el árbol crece al triple de velocidad de lo que sería natural.

Este tipo de cosas aquí se deben escribir "bonito" -Whatever that may be- le escribió ella una vez, luego repetía "Querido" tantas veces hasta que lo dejó sordo de sus propios órganos. No sonaba igual el corazón que los pulmones, el páncreas que el hígado.

Todo a lo que he renunciado es sagrado.

[Miravete] Al atardecer solo se ven montañas quemadas al Oeste, noto su peso infinito a cada paso. Al ascender por un camino de tierra, saliendo del pueblo, solo para sentirme más ligero y verlas más cerca, estimo que su peso, representado en la totalidad de su volumen, es el de tu alma. Pero cómo nos engaña desde lejos esta vieja montaña, vestida de luz, con ligeras telas azules que cubren su viejo cuerpo quemado. Solo desde lejos se puede abrazar el espacio. No se habla con ella, se la escucha, y si te dice algo, cada vez más extraño y difícil de entender, solo esto, *Sans aucun doute*, Yo soy la Arcadia perdida.

Me escribía en inglés para hacerme daño.

Amaba ese tipo de textos, casi poemas, los atajos, *Abkürzung*.

"Ribereño del ser" –Dasein Anrainer– Valente extrae la extrañeza y la posibilidad de la conjunción de sentidos "Danken und Denken" Paul Antschel ¿Lo ves? ¿Puedes diferenciar por la raíz las malas hierbas de ciertos árboles?

La elasticidad de un poema.

Un paracaidista perdiéndose en las nubes, eso son las visiones –lo que se desenvuelve entre tú y yo. ¿Veremos finalmente lo mismo en las mismas cosas? ¿Al paracaidista recoger ya en el suelo la tela negra?

El palo clavado en la tierra y su sombra, imaginé un sol muerto, aún incandescente.

Con la frase breve se llena de hilos la boca [Seidenraupe]

¿A dónde queremos llegar con la poesía? Con el *poème* al lugar adonde ya no esté [ella]

Se sale la luz de todos estos años.

Ellos dibujaban casas que nunca se levantarían, por lo general casas sencillas, en el plano no las veían, como en un mapa no se ve el cielo ni la tierra, cualquier plano de estas casas suponía entrar en un laberinto. Dibujaban casas donde nunca vivirían y nunca serían construidas, casas en el aire. Su libertad era de color azul, renunciaban a los techos. Ellos escribían para ser libres.

Inexpresables la mayoría de los instantes.

Careos entre tus fantasmas.

Mantiké, ¿procedías tú acaso de Mantinea? Esa tierra, o no tierra, sino lugar, adonde me dirigía. Todo poema estaba cercano o en los bordes de la adivinación. Era así que nos unía la ceguera, la luz intensa de la ceguera.

Un alemán que habla y habla y habla hasta que ya ha explicado y destripado todo, y por último ha unido cien palabras a una raíz extraña. Dale un terrón de tierra seca y lo humedecerá con su aliento. No querrá desmenuzarlo, sino guardarlo como polvo del futuro. Un día se despertará solo, extrañado de su soledad, y se volverá loco al querer explicársela al mundo.

"La beatitud eterna es un estado en el que mirar es amar" Simone Weil.

Es imposible amarse más, amarse es mucho más silencioso, enfrente unas montañas que expresan más que yo, las amo, puedo repartir mi amor por ellas, entre ellas y yo, me sobra amor. ¿Hay que malgastarlo diciendo lo que es y lo que no lo es?

Enseguida encontré algo, un poco más allá, una granja abandonada, un pueblecito eterno, que emergió de las aguas, sentí en el lugar la lentitud de seguir sumergido en una paz inquebrantable, el cielo es desasosegante, arde, solo quiero escribir rezos aquí, rezos, tener la responsabilidad de escribir los rezos, estos no deberían ser sagrados, rezos vacíos, como este "Mi madre" "Summum ius, summa iniuria" La segunda espada.

Ella ronroneaba en su autismo espiritual.

Ir a su lado por un tiempo significa que tarde o temprano te dirá aquello que quieres oír. "Escribe contra ti" También las ropas negras, del luto, terminan aclarándose bajo la luz de los días, el blanco solo se ensucia.

Creía poder entrar y salir de la muerte, y para eso diseñaba puertas.

Punciones y torceduras, todas las palabras degradadas.

Pozos ¿*Schöpfbrunnen*? Solo los que guardan el sol dentro. En el país de las sombras les llaman las perlas del cielo. ¿Qué hacer con una palabra tan larga sino comérsela? Partida Schöpf y Brunnen. Aquí Po-zo, ligera ¿Podría ser Zo-po? Y el sol sube en el cu-bo, bo-cu, y siempre te lo estás bebiendo.

Ahora huelo como un anciano, no me despojo de ello.

Cizalladura en el ser, las luces me hacen daño.

La refracción de cada palabra al entrar en el otro.

A primera hora, en el momento de su ablución de arena y aire ¿Cuál era el momento exacto, el instante? Sus diarios lo recogían cada día "Ahora fue" literalmente.

Un libro con nombres de ríos, sin un orden alfabético, sin ningún orden por cantidad de caudal o longitud etc… hasta crear una red hidrográfica fantástica. Oigo a la vez el murmullo de todos los ríos –esto es imposible– todos están secos. La escritura que va hacia lo imposible de decir es la que menos miente, nada ha sido aún rozado por la verdad.

Olvidé todos los rezos, y por eso comencé a escribírmelos a mi medida.

Aún existían muchas maneras de morir que desconocía.

Cultivaba fe y después se la comían.

Todo a punto de algo, en este momento, y ahora, el instante se evapora de sí mismo, como si el sol desapareciera para siempre en el animal que muere de-sí-mismo, y nada ocurre en ese-nada-ocurre. En el ahora todo a punto de algo, mucho más tarde ocurrirá lo que ya sucedió ahora. Las réplicas son más verdaderas. Se extraña la memoria del mañana.

Traducciones como cirugías a cielo abierto, hay que coser, ya nada hace daño.

Vorschein, no querer volver a reaparecer, ser antes de ser: el día antes de una jornada de pesca, la ilusión de la víspera al ir a buscar las lombrices.

Se llamaba a sí mismo el arquero [Pfeilsschütze]

Ella o él, aún se mandan mensajes, extraños mensajes fuera de toda lógica, desde fuera del mundo al centro del mundo, y los envían a ciegas hacia lo más lejos posible, su intención es la incomunicación, soplos negros, la forma de mirar el río, como si todo estuviera seco, a años luz incluso, balbuceos que ellos mismos entienden, se sienten vivos en esos mensajes muertos [Junto al Ponsul]

Las primeras palabras del día son obedientes con uno mismo, no rechazan la vida, buscan existencia ¿Pero cuáles son esas palabras? Todas valen, se suelen dirigir hacia el sol o hacia uno mismo.

Tallaba cristales para ver más cerca a dios. Un dios inmune de nosotros.

"El hombre moderno es un lodo que ninguna mano es capaz de modelar" Nicolás Gómez Dávila.

¿Le sobrepasa el viento de cola? Sí, pero siempre empuja. La vida es así.

Mi paisaje interior es este, ahora mismo ¿Lo ves?

Ejercicios de voluntad, no dejarse morir.

De pronto encontré en el cuaderno del geógrafo la frase que te enamora, la que ya no olvidarás, como en *Le Poissón solubre*, "ir poniéndose uno a uno los trajes del aire puro".

Nubes que te aplastan, y para que fuera verídico lo has tenido que escribir en alemán.

¿Nunca deseaste salvar a alguien que se ahogaba? Es el gran deseo, salvar a alguien que se está ahogando en el río, más aún que salvar a alguien que se está quemando y grita.

De las aguas todo vuelve intacto.

El cansancio es una flor, no como una flor, es una flor, debo encontrarlas ahora que se llaman cansancios azules, semejantes a pensamientos, nacen en mesetas no muy altas de suelos arcillosos. Tengo el cansancio de la vida, se diseminan de forma extraña, muy separadas unas de otras, como hombres cansados, son de un azul muy oscuro, anochecido duran poco una vez arrancadas.

El poema como lugar devastado, ilegible.

Este frío que quema, 8 de febrero de un no año.
Ponte recto para escribir me decía, y yo me encorvaba cada vez más.

La poesía es lo más real de la realidad, es tan difícil expresar con claridad lo que es el sol.

[Entre Rijnsburg y Voorsburg]

Está el sol donde siempre lo ubiqué de cara a la felicidad, es la masa de la alegría, está contraída para darnos el calor y la luz. En mis últimos sueños ese sol siempre aparece velado, y es frío.

Desde las chatas cimas de las Villuercas, esa es la altura media de los deseos.

Los santos se ponen de costado para hablarle al cielo.

Se erosionó, ¿huesos negros? Has dicho más de mil veces "Salvación"

Quien pudiera escribir hoy, en estos tiempos, bajo el sol un "Tratado breve de Dios, del hombre y de su felicidad" Se perdió una vez lo escrito, en medio del mar, en una balsa de juncos que se va abriendo y deshaciendo como el alma; lo que fue escrito y se perdió debe escribirlo otro ahora, al dictado de algo. No más que un poemario, un pequeño libro de poemas, sin título y sin autor, un *manuskript* perdido que reaparece. Nuestros viajes ahora son místicos, vamos allí, adonde algo nos llama, entre [Rijnburg y Voorsburg]

Él barre hacia el centro al decir que la producción de la idea de una obra de arte se debería concebir como una obra de arte.

Los poemas se escinden de ti.

Los astros ya no significan nada, cada vez pesan menos, aunque brillen, esa es la ley natural, y mantenerse donde están, flotando en una extraña e infinita piscina añil, taxonomía, calibre, fuerza, distancia, tendemos a irnos a las esquinas, y ese viaje, andadura, movimiento natural del ser, destino, no lleva a lugar alguno, es mejor así, ir esquinándose, ir hacia esas esquinas imaginables. Aún tengo esa fuerza de poder imaginarme lo irreal.

El miedo procura una luz más intensa que la alegría. El miedo es lo más potente y vivo que hay en uno. El miedo a ti mismo. Te conviertes en un foco de luz azul. Estás ciego de ti. Tu risa se convierte en un rebaño de ovejas que balan perdidas en un desierto negro.

¿Leíste a Hellen Keller? Me adentré en su pantano de sensaciones, me persigné, me recordaba al agua, y ella a ti.

Guardé silencios largos e innumerables días, dejé que entrara el verano en mí, me despoblé de imágenes, los anchos y cansados campos de sol, envueltos en luz. Intenté un silencio parecido, imité ese silencio, uno que tú pudieras oír y sentir, a la vez de otra manera, ese silencio también era el tuyo, lo sentía así, en los largos y anchos campos cansados de sol.

El terciopelo imita al musgo, pero igual que nuestros cuerpos no son tan duros como la piedra, ello no es tan suave como la tela. La tocas y sientes algo muerto.

Rozar [berühren] palabras que se desgastan mutuamente.

En el lugar donde estaba prohibido amar todo se reflejaba.

Hay nombres que se acoplan perfectamente al apellido, que es otro nombre, como una fina tela al cuerpo. Keller deja ver en toda su presencia a Hellen.

Me sabe a mí, soy un puñado de sal.

Un libro de citas, solo de eso, no ya escogidas a conciencia, como para hilar o llevarte, o enseñarte, o ir hacia eso que se llama de tantas formas para esconderlo. No, más bien la reunión de escombros, de frases o citas sin sentido, a los que llamaba Escombrera, pues suponía que en ella, al desescombrar de lenguaje el ser, encontraba todo aquello que quería mostrarte.

Siempre volvía a la última escena, una vez abierta la trampilla del avión, al cowboy montado sobre la ojiva descendiendo hacia el abismo, lo llamó Ángel de la muerte.

Al escribir todas esas palabras muertas duele la mano.

Ya te acercas a ella, te llama por tu nombre, sale alguien a guiarte para que no te pierdas a sus puertas. Sientes su calor de animal que no duerme.

Ya no soy un *poète*. ¿Y cómo sé que ya no lo soy? No lo sé, me estoy acostumbrando a no saber, y no es fácil, siempre aparecen caminos en el camino. Hay caminos que no llevan a lugar alguno, esto lo sé.

¿Cuántas veces pasaste por Abril?

Hasta ser el dios de ti mismo, tú tu propio dios, así no existes más que en ti ¿Y los diálogos hielan las palabras?

Querría haber escrito para nadie, por intercesión.

La avidez con la que pronuncia ciertos nombres.

Se carga de miedo para poder reír en el futuro.

Esta noche me has dictado esto: Me gusta el secreto de saber tu nombre, Josefine Adler. "To make a prairie it takes a clover one bee" Emily Dickinson. Tendía a juntar tus palabras con las de ella, no sé por qué, no sé casi nunca ese porqué innecesario, mayor grado de ensueño, quizás se ayudaban, no porque dijeran más al ensamblarse y mezclarse, al guiarse, tampoco lo sentí como un juego, aunque estos nos hagan vivir mejor, o sentir el abismo de las pequeñas cosas, recrear el mundo a pequeña escala, la imaginación aviva el ser. No era por eso, creí entonces en los actos instintivos, la suma de ojos, cuántos ojos podíamos sumar a nuestra fiesta, los que fueran necesarios, pero deberían ser un número impar. Alguien leía subido a una mesa, leía nuestros textos, escuchábamos ese sonido que llegaba amplificado desde algunas estrellas, las sonoras estrellas: "Ella, cuando escribe se borra" Dominique Fortier. Paso de lo visible a lo invisible, ahora estoy cerca del mar, no se puede ver aún desde aquí, pero ya se siente, no puedo decir si está cerca o muy cerca, pero se siente, se deja sentir en una presencia que no necesita mostrarse, ese estar cerca de algo y no poder verlo, el cielo es distinto, siempre está encima, es visible en tanto tú lo eres también, está encima y debajo, está en todos los lados, una vez lo sientes ya no te conformas con solo esa presencia cercana, debes ir, continuar hacia él ¿Serías capaz de darle la espalda y de mirar hacia otro lado?

Hablar para borrar la sombra.

Cuáqueros del insomnio.

No sé bailar, pero me gustaría escribir de la misma forma que bailo, darle a ese no sé todo el sentido.

El río en su estertor [Ayuela]

Los perros muerden palos, los cepos se cierran con tu voluntad ¿Tantas cosas te hacen daño? Sí! La palabra cepo. Ella se cerró en mí -Aktién- Se cerró Aktien.

Solo seguía escribiendo *poèmes*, tenía la inercia, el trampolín, el avión, donde ella solía escribir sus poemas negros, tenía el mar, la montaña, la muerte, la alegría, ciertas pinturas de Signori, y sobre todo una idea vaga de mí mismo.

Ella tropieza con sus palabras.

En el amor nos arrasamos, el fuego pasa quemando los pastos secos al atravesar los campos de alcornoques, así lo veo, una película corta que incluso avanza más rápido, quemando el tiempo real de la imagen, la ves muchas veces, verla tantas veces te genera ¿alegría? Pero hay muchos más ejemplos para lo que insinúo o prescribo, casi todo. En el amor nos arrasamos. Además del incendio puedes fijarte en lo anegado, lo vi muchas veces, comenzaba a salir la hierba nueva de lo que ardió, y llovió mucho, durante muchos días llovía y el lugar se anegó. Extrañé que saliera hierba de viejas palabras muertas, lo anegado quedó mucho tiempo inmóvil.

La naturaleza crea destruyendo, orogénesis y erosión ¿poemas?

¿Qué es un libro sino una mujer que nos acoge, la tierra que podemos abrir, etc.? Me pregunto, en tus libros me lo preguntaba todo, como un niño que puede hablarle a la muerte mientras juega con arena. ¿Qué es un libro hoy, en estos tiempos? No lo sé, ya no quiero saber, dejar de saber, borrar, como el aire borra en la arena cualquier huella, todo signo que pueda ser leído a media altura.

La rabbia de no verte, de no saber de ti, no es desesperación, es rabbia, la rabbia es aire y colores avivados, la rabbia es original de cada uno, la desesperación de todos. Me sigues escribiendo, aunque breves mensajes "Seamos más fuertes que nuestra fragilidad, gracias mi cabizbajo. Besos" La rabbia o Ikari, no sabía seguir, el libro estaba lleno de trampas, lo que más me gusta es desobedecer, y te desobedecía, ir a tu encuentro por un libro era desobedecerte, tú también desobedecías, nos desobedecíamos, no se puede estar alejado uno de otro, por el espacio inmenso de un libro, por la aventura.

Curar escribiendo, curar escribiéndote tú en las cosas, autocuración [yo digo que es] imposible, está cerca siempre de la autodestrucción.

La luz se retira muy lentamente del amor, del cuerpo iluminado.

"Me estaba preguntando ya, si algunas de sus cartas se habría vuelto a quedar en el fondo del mar, pero ahora veo que fueron los largos paseos por Riverside Drive los que la han interrumpido" Gershom Scholem –correspondencia con Hannah Arendt, 1939-1964–

Me interesa lo telúrico del lenguaje –de tu lenguaje–. En tus poemas siempre estoy dándome chapuzones en el barro, y las palabras sobresalen como piedras desenterradas.

"Eternal activity whithout actión" escribió el poeta Wordworth sobre Coleridge. Ahora, puestas en tu boca o en la mía toman altura e intensidad, y todo se va arrastrando después de un vuelo hacia el sol.

La aborrecible tribu.

El sol, ahora, allí detenido para siempre ¿Repara eso el mundo?

Las densidades de cada muerte, en algunas el silencio nunca se apaga.

Aún cargas con alguien y hay un río seco.

"Cada lengua tiene sus propios ojos" Herta Müller.

La muerte, primero te desbroza para que las otras muertes puedan ver bien lo que aún hay de vivo en ti.

No expliquemos la belleza, al menos intentaré ya no hacerlo a partir de ahora mismo, momento que se ha desdibujado, que ha desaparecido pronto. Mejor instantes, y si encontrara o existiera otra palabra que aún definiera mejor eso llamado instante, ya que la belleza está en todo ¿? Incluso las malas hierbas guardan o proyectan una belleza más profunda y real que las flores de un jardín, lo que se borra por sí mismo, lo que vive por sí mismo, lo que nunca hablará, lo que se va pronto. La belleza, debería haberla sin necesidad de nombrarla sobre el resto de las cosas, es importante que aún exista una palabra así. Había estado toda mi vida intentando explicarla, creí que escribir era eso, y me empobrecí, todo lo empobrecí, redimir, someter. Nosotros, y quizás estos sean los tiempos heroicos para los que se preparó la humanidad. Alcanzados ya los límites de todo, escucha mi lenguaje, lee más allá mi escritura ya rota y balbuciente, más allá no voy a llegar, aunque vaya y camine en silencio mucho tiempo hasta alcanzar -el no sé- muchas veces lo he llamado sol, estrella del amanecer, pues he estado demasiado cerca de todo para sentir lo más lejano, sí, ya en los límites. Ahora se puede decir todo, escuchar todo a la vez, escribirlo todo. Hemos llenado el mundo, y el mundo parece una zona franca, una inmensa explanada polvorienta donde se ha instalado una gran feria que no acaba. Cuando los niños juegan al límite terminan haciendo daño. En esa gran fiesta que lo ocupa todo, exposiciones de juguetes donde se exponen armas extrañas, no parecen hacer daño, ojivas de una belleza simple, una armonía de las líneas que nunca antes vi: me gustaría acariciar las frías superficies de titanio y otras aleaciones divinas cargadas de sol, de un lenguaje que debe ser descifrado, se encripta la felicidad en los números y las letras elegidas, siempre soy – y,x,m,n,o– Estaba acercándome a la fiesta, millones de personas bailaban en una polvareda. Me he tragado las espigas, son como arpones, entran bien, salen mal, eso quisimos hacer en nuestros poemas, puntas de arpón, clavarlas al mal. Las ojivas van por tamaño, las más grandes están cargadas de estupidez. Argón, de una belleza que emula a los ojos de dios, en la panza de titanio brilla el sol, la luz, y siempre está fría. Por un momento Heinrich Korb sale de su taller, me lo encuentro en el tren de Sevilla, así expuestos en círculo, alineados como el templo de Stonehenge. Estos eran los tiempos del final de la poesía, el mal como el gran hacedor del arte, el mal no inspira, el primero de los poemas que te escribí en lengua encriptada.

El frío que quema es el que le interesa.

Puede sentir ya a la humanidad que ha dejado de hablar por hastío.

El rezo es agua o humo.

Como dios se apodera de todas las épocas y es incapaz de unirlas.

Puedes hablarle al cielo o a este abismo, allí abajo, allí. ¿Los ves encendiendo hogueras?

Ya es futuro, el resorte saltó.

Concatenación de tormentas, se sabe incluso la hora exacta a la que van a comenzar. Los niños se sientan en las piedras a verlas.

Ella nadaba por el aire, se negaba a volar, a decir que volaba, que aquello fuera de algún modo un vuelo, nadaba por el aire, el lugar carecía de orillas donde finalmente ponerse de pie.

Aquí se está siempre solo, y por eso se reza el... a murmullos, como si el rezo fuera agua.

El poeta del vacío ama el sol.

¿Qué es lo más bello que has escrito? Me preguntó N. en una ocasión, lo que borré le dije, siempre lo que borré. No había verdad alguna, jugaba a la Beauté, un juego espaciosamente vacío, construía silos de almas. Al escribir me sentía teledirigido por el mal. ¿Y lo más verdadero? Insistió. Juzgué, o creí que toda palabra es verdadera en sí misma, aunque no engendré verdad alguna.

Ella quebró todas las palabras posibles a mi favor.

Nos conocemos hace ya más de mil años y aún no hemos pronunciado el uno el nombre del otro.

Fuiste aviadora y poeta, dos formas de vuelo, te gustaba tocar la tierra.

Cierro puertas y abro ventanas, yo quería hacer lo contrario, aún abrirlo todo más, a esa corriente la llamo dios.

Una vez salvé a un amigo de morir ahogado, en río G. ¿Cuántas veces te lo he contado? Profanaba aquella realidad cada vez que se lo contaba a alguien, no sabía callármelo, olvidarlo, quizás hoy al escribirlo ya no vuelva a ese día jamás.

Se termina cayendo de algo, nunca tuve miedo de caer al agua, sí, a veces se podía caminar por el aire. ¿Cómo? Solo entre tú y yo.

La tiroides es como una mariposa, se lo oí una vez a mi hermana, -los [como] me dan asco- La tiroides es una mariposa en el alma.

Carreteras secundarias, peor, -no, mejor- terciarias, y por último viejos caminos asfaltados llenos de baches, la ruta comienza al final de estos.

Contra los poèmes de los tremendistas estos juncos cortados.

Paseo nocturno, no hay prisa, se camina despacio por un teso, apenas hay que ascender, la tierra se extiende hasta el cielo, donde las luces de los aviones se confunden con astros pestañeantes. En realidad nada descansa, todo sigue moviéndose hacia ti, lo más lejano se hace visible, cientos de señales, los árboles oscuros, manchas negras, aquí, una sucesión de grandes encinas y álamos, se iluminan en un reflejo de brasas, después otras luces más tenues que se aprecian mejor en la lejanía, así no choca la nada con lo que existe, plena visibilidad, las piedras blancas se ven mejor ahora que al mediodía, la basura, extendida por la superficie tiene su alumbramiento. A su distancia justa, la ciudad allí abajo se oye, entera, como un organismo vivo, es el único momento del día en el que podemos oírla, como a una mujer hablando con un hombre en la cama, algún chillido llega de ella, o la bandeja celeste que se cae sobre un techo de cristal. Los pasos por el teso y los caminos entre zarzas, son en la noche decididamente lentos, se oyen bien las pisadas, la respiración, el corazón marca de manera sostenida el aliento. Cualquier palabra en ese momento suena metálica y limpia, la voz se ajusta al espacio, no hay asco ni desgarro.

Me sentía incapaz de aprender esa lengua, cada palabra se extrañaba de mí y se quedaba como una costra en la garganta, *páratartalom*.

La borrasca solar, viajaba allí donde todo había muerto.

Deseaba haber sido Matuso Basho por un día, sentir dentro del cuerpo la santidad de un caminante, y acaso una vez le sucedió algo así, y por un momento sintió el frío intenso, después el calor somnoliento, y el gran cansancio, e igual que el aire por detrás le empujaba y le ayudaba como un amigo que le empuja, otro aire de cara le frenaba, dos fuerzas contrapuestas. Cuando se estaba acabando el hechizo alguien le cogió del brazo, le puso un lápiz en la mano, y ayudándole, con una caligrafía temblorosa llegó a escribir la palabra Myaku.

Oigo zumbar a las abejas en las flores de los cardos.

¿A qué sabe realmente la sal sino a sal? En ella están las aguas y el cielo.

Un aforismo debe ser distendido, imagínatelo como un cactus, espinas y humedad guardada, para retribuirse y pinchar. A través del Af. ves el mundo entero, y el cielo desde una mirilla, aumentado.

Era un lugar de silencio hasta que llegaron los *Wildschweinen*, con su mierda y su lenguaje de mierda.

Vuelvo a Simone Weil, la llamo madre, no mamá, esto te provoca celos. El Flur entre tú y yo es de lenguaje, en la estrechez solemos hablar bajito encerrando una violencia extrema, Flur, pasillo, también el nombre de un río que solo yo conozco, donde un día te veré nadando hacia el sol.

Después de una larga marcha por el monte, al llegar al punto de retorno, ya no podrás poner en orden todos los pensamientos y sentimientos que fueron surgiendo con esfuerzo a lo largo del camino. Allanar, allanar hasta que no queden alturas.

Mafiosi vanno al funerale del poeta [Gregarios-Gesellig]

¿Traes una nueva palabra al mundo? Sí, pero impronunciable.

El tamaño del ojo no importa [Ballena]

No llaméis a esto poema, no llaméis ya a nada poema.

Todavía tú, siempre tú, nunca tú, además tú, y todas las palabras que iban antes de tú, *al* menos había renunciado a poner el tú antes de todos, tú eres, tú entonces, tú una sombra.

La inexorable desaparición de los adverbios de tiempo ¿Entonces?

Añade más porquería a su gloria.

Las malas hierbas del cementerio.

Él plantó un terebinto, t.r.b. corresponden a las iniciales de las palabras hebreas para denominar la bebida, la comida, y la casa. Lo plantó en un terreno pedregoso donde apenas llovía. Te acogerá esa parte del mundo, las intemperies de ti mismo.

"Tejemos vieja Alemania tu mortaja" H. Heine. Sobre mi país natal, lo desnatalicé, nací dos veces ¿Moriré dos veces?

Escribía hacia atrás y parecía que se borraba el rastro, ese escribir hacia atrás, o caminar hacia atrás, de espaldas, hasta el día de tu nacimiento, o hacia el día de los inicios, *ligendetwas*, visualmente era siempre un lugar espacioso desde el que salían innumerables caminos, y eso que lo encerraba en un puño, en unas cuantas palabras que aprietas tanto hasta que notas su pulpa. La lentitud de ese retroceder caminando de espaldas, escribir con miedo, alejándote. Un avanzar hacia ti dejando atrás el horizonte, después el salto al vacío de un poema que escribes a oscuras, atravesando hacia atrás, caminando de espaldas por todos los festivos de tu vida.

La mística carretera, la nacional 630 a su cruce con la otra mística carretera, la n.110 Soria-Plasencia, Gijón-Sevilla. En muchas ocasiones me hallaréis caminando por la una o la otra, en busca de una por la otra, yendo hacia los lugares olvidados.

Un poema, que sentimos bueno, inefable, único, debe secarse. Cada noche cruje en tu frente, está muy seco y se desmenuza. Vuelves a él después de mucho tiempo, y está aún más seco, se desmenuza en tu aliento.

Tres días de cierzo ayudaron a limpiar el lugar de ese lenguaje necio que ellos habían traído.

Me ocurre siempre, siempre me va a ocurrir lo mismo, incurro en ello, separaciones y encuentros, largas distancias para llegar a alguien. Esos caminos, esas distancias se estiran en las palabras de amor. El valor al alza de las distancias, los kilómetros a pie desordenan los tramos, te vas quedando un poco en cada lugar, es como si tu gran libro (¿será el último?) consistiera en tejer el cielo. Se estira la distancia en esas palabras de amor. Deben recorrer ¿la tierra entera? Si vas a llegar a aquella a la que amas, no cojas aviones, salva esa distancia a pie. Nunca sabrás cuándo vas a llegar, ni ella cuándo te irás.

Es imposible ya perderse en el mundo, ser en uno mismo es también difícil.

"*Schlaflosigkeit*, insomnio, la imposibilidad de dormir; una tiene quince letras, la otra ocho: Sol tres, *sonne* cinco: el peso exacto de las palabras te da su luz interna."

Ningún tonto, o inteligente de más, haría la boutade de escribir todos sus libros extrayéndose con su propia sangre.

Se excedió tanto con su muerte ¿Cómo la llamaba? Hijo, hijo, en todas las lenguas hijos.

Querría trasplantarse los ojos de los animales y el corazón de un ángel.

Un tal R.M.

Ven, no dejes de venir. Se oye cada vez menos ese "ven" ese "venir" En el aire se confunde con el aire, no tiene más expresión. Sí, ese "ven" te empuja o te atrae ¿Estabas invitado a todos los lugares? ¿Y tú les dices "venid" también a los otros?

Hemos apretado la forma, la hemos retorcido hasta el límite, cuando la liberamos ella vuelve a su estado natural y no siente nada. Nosotros el dolor en las manos.

El viejo brujo se me reaparece en la voz de Handke, y este en una voz mucho más ulterior, antigua, pero no tanto para que ya no se oiga. Siento que está en él a veces la voz de Paul Antschel, o un Trakl que se ha pasado a narrador. Por todas sus gargantas pasa el aire que un pulmón de palabras rotas devuelve al mundo. Pero para que pasen por la garganta de este último, Ernest el joven, aquellos, los otros a los que se designa, deben estar muertos. El pulmón se comporta como un fuelle con las estrellas.

La luz de hoy, avivada por el aire. No pueden ser más cristalinos los reflejos en el agua. Se producen el milagro de los dos soles, de los dos amores. Secretos de la respiración, el aire que remueve lo justo las cosas vivas, no tanto como para que se rompan ni se duerman en sí mismas.

¿También hay soles y planetas ovalados?

Para ella *siempre* significa ahora, mañana y pasado mañana ya están muy lejos.

Después de Auschwitz e Hiroshima, un poco antes del día X e y, -en ese tramo de tiempo he vivido- el poème es un truco, ahora que rezas así, en voz alta, las sagradas escrituras de Paul Antschel dentro de un campo de heno, hazlo por mí también.

Después de aquello el sol brillaba con tanta violencia, las palabras se enfriaban hasta romperse.

Veía las explosiones a distancia protegiéndose los ojos con las gafas de R. Feynman.

¿Qué acumulas? Esto, aquello, palabras inglesas, ¿o japonesas? Para hablar se ponía gasa en la boca.

Entre puente y puente da tiempo a pensar.

No es mucha la lluvia para este día eternamente nublado.

Se prohibió decir en lo sucesivo aquella palabra machacada ¿...? Está entretejida a la voluntad de ser. Te decía, extírpala, extírpala, tú el adyacente. Informes de la nada, lo más difícil de escribir, pero incluso para no decir algo debía de insistir en la nada. Llegó a la conclusión de que solo la desaparición de la palabra lo lograría, y así comenzó el acto de borrado.

25 de septiembre de algún año y en algún lugar no concretado, debería haber estado en todos los lugares y en todas las épocas, haber pasado al menos dos veces por este lugar in-con-cre-to.

"No puedes intentar ser plástico sin dar un rodeo por la cultura" Peter Handke.

Ya apenas hablamos de la muerte ¿Será porque es tan certera y objetiva en sus fines?

A mis cincuenta y siete años me declaro su discípulo. ¿Hablabas con Helder en los parques de L.?

La muerte no está nunca en nuestras conversaciones, la atribulamos, la esquivamos en las conversaciones de trenes que solemos mantener a la caída de la tarde en algunas terrazas de la ciudad vieja. Pero así la vida, o la existencia resultan incompletas. Falta revelar el sentido último de las palabras. En realidad, tampoco hablamos de la vida, cuando las fibras han sido tomadas por lo extraño. Cualquier intento de hablar sobre ese asunto, acababa en largos y cenagosos pantanos de silencio. Me fotografiaba en playas que no acaban, en montañas, etc. Así mostraba la plenitud de la vida.

En otoño nacen muchas cosas, más de las que mueren, no es un testimonio poético, es una constatación serena. Incluso la alegría es más pura cuando el sol baja de intensidad.

Ahora me copio a mí mismo. Es por el peso de cada letra.

Había que cortarle el pelo a tus textos.

Corteza de alcornoque, una barca o una cuna de corcha. Cuando arranco algo, arranco siempre eso -corcha- eso es el árbol desnudo, el suave cuerpo del árbol descorchado, el sagrado Quercus suber. Entre 2008 y 2019 ella hizo más de dos mil fotografías de alcornoques recién descorchados desde el alto Guadyerbas y los llanos de Velada hasta Aljezur. Recorrió en coche todas esas distancias entre el campo Arañuelo y la Alta Extremadura hasta el cabo San Vicente en Sagres. Ahora acudo a su exposición en el centro de arte contemporáneo de Castelo Branco. [El árbol rojo]

Allí solo se oye el sol.

Si yo fuera re-encarnable -y esto no se puede elegir, algo te lleva a serlo contra ti mismo- sin duda sería un calamar. Lo seminal de la tinta, la deyección del espíritu.

Un líquido más denso en otro más licuado tarda en diluirse, un alma con cierta densidad lo mismo en las otras, y por tanto, con cuánta facilidad y acritud, sin apenas tener conciencia de ello, no reparamos en la incompatibilidad que resulta de lo re-encarnable hacia el alma, de lo figurativo a la simple luz del mundo. ¿Prefieres ser finalmente un bicho de ocho patas a ser la luz caldeando las piedras? ¿La luz que ilumina en otoño la mitad de la habitación llena de sandalias? Algunos preferirían ser perros ladrándole al sol, o delfines, o una hormiga arrastrando una monda de manzana, y muy pocos la luz del origen. Yo apuesto por ese calamar, la tinta seminal, un decápodo. A ese bicho puedo imaginármelo no tanto escondido en los fondos abisales, y sí en los cielos, sumergido entre el sol y las estrellas.

Ella duraba tanto debajo del agua que nos daba miedo, salía de cualquier lugar inesperado. Aguantaba su respiración hasta el borde de la muerte. Lo que veía entonces alimentaba de imágenes su poesía.

De nuevo inmerso en el Kuzari de Yehuda Ha-Levi, no tengo preguntas en el basto espacio de mi silencio.

Teruel: provincia, paisaje desolado, lunar, abrasado por el sol: la extensión se ajusta al cielo, cada palabra se mide por agua, está sedienta de sí misma cada palabra, el silencio es el gran pájaro del cielo.

Teruel: paisaje: láminas de tierra ocre, rojiza, el cielo es más alto que el sol, abombado. Cuando se rompe sobre las heridas de la tierra la luz vuelve a las puertas del mundo, y cada puerta cruje en las vigas del cielo.

Defensa de la contemplación, hasta el implante de sus ojos.

De nuevo un viaje hacia ti, que sin duda será largo y se hará no sin grandes esfuerzos ¿A pie? ¿Descalzo? ¿Cargando con más peso del que se debería llevar? Y un cuaderno que se llenará lentamente. Escrito a impulsos. A escala, las ondas del lago en un día de mucho aire erosionan con la misma fuerza la orilla que las olas la playa y los golpes de mar los acantilados. La escritura poética va del centro hacia los límites, de dentro hacia fuera, y sus límites se expresan de forma circular, y son inalcanzables. Uno va hacia todos los lados, incluso cuando va hacia ti sale hacia todas las direcciones.

Las palabras irrealizables como "Utopía" un enjuague bucal.

Un Cuco de la poesía, y comencé a llamarle KuKo, las C se transforman en piedras.

Hola, buenos días mi poeta, así comenzaban muchas de las cartas de un año cualquiera desde un lugar cualquiera –más bien alejado de casi todos los lugares usuales y concurridos–. Después de aquellos días, unas cuántas y extensas cartas que comenzaban, Adiós mi poeta. Cuántas veces habría escrito Adiós, o hasta siempre al principio del texto antes de extenderse hasta un hipotético final.

Lo muerto solo se enfría, rápido pierde la temperatura, la muerte no existe, solo existe la vida, y lo que deberíamos llamar de alguna manera su ausencia, renunciando a la posibilidad de la palabra misma, pero igual que necesitamos de los clavos de la tienda de campaña, clavarlos profundamente en la tierra, y atar después a ellos los vientos para que no se vuele lo tendido, ella, la muerte quiere que pronuncies cualquier palabra vacía, para que entres en ella. Por ejemplo, caballo o avión.

"El universo es una máquina de hacer dioses" Henri Bergson.

Nombres de estrellas, no recuerdo más de diez. Olvidé todo recuerdo luminoso, toda incidencia. Por la red pasaba la imagen, después solo había en la red hierbas enganchadas.

Me acerco a ese grillo ¿azul?, tanto que podría cantar dentro de mí si quisiera entrar en mí.

Resultará que finalmente el viejo Jünger –que contradicción llamar viejo al *joven*– tenga razón al referirse tantas veces al "Retorno" afirmando que al coincidir el cambio de siglo con el cambio del milenio amenazan mareas vivas históricas.

El gran paisaje está lleno de silencio como una caja de cielo. No lo describas ¿me dice? Gira una gran veleta con alas de mimbre.

El techo de agua nunca se cayó, nada se reflejaba en ello, la luz que se expande por toda la casa, techos y suelos de agua, y si nunca se desplomaban tampoco me hundía. Desde la gran ventana se veía el embalse. Ella se sentaba allí largo tiempo a la espera de la ballena negra, la ilusión de una isla en mitad del embalse. El cerro del dibujante. El techo de agua simboliza el techo real, pero no se apoya en nada, y tanto deberá pesar como no. Solo si inscribimos el texto en ese techo se corre el riesgo de que se desplome, y el riesgo mayor que trae la dicha, más alto aún, elevado para que no alcance el brazo.

In infinitum, hoy comienzo, no llevo nada.

No sé, no sé, no sé, es autoinmune a todas las enfermedades solares.

Se ríe delante de un muro, a la espera de un tiempo homónimo. Solo puede él ya mismo nombrarse.

Te arrodillas para leer un poema a un grupo de personas, un largo fragmento de "Una ola" de Ashbery, como religión oblicua ¡Qué locura de siglo! La criptomnesia.

Se abriga demasiado para esta época del año, incluso más de lo que exige un tiempo frío y violento, y sin embargo va descalza por el suelo áspero, y dice que va desnuda. Por los pies siente el mundo. La desnudez de la que ella habla está ya en este texto, no lo he podido dejar más desnudo, por el texto va ella desnuda, y el espacio está desnudo, silencioso. Apenas se puede oír más allá de mi propia respiración la suya, y sus pasos sobre la hierba seca, incluso así se oye aún mejor el cielo que sus pasos, que su respiración y la mía.

La idea de la curva se explica con la recta, la curva real a sí misma. Es predecible casi todo.

En el pastillero llevaba fluoxetina entre píldoras de laMotte y Tylenol.

Su soledad estaba llena de amantes calvos. Nuestra soledad mutua de escritura al aire libre. Se trataba del

"Lugar", siempre había un cielo y una extensión de tierra por delante.

Inquietud, ese *Anliegen* es lo que me lleva tan lejos hacia ti, la inexpresable inquietud.

Aún ama su propio cuerpo, todo él un mapa tatuado.

Ellos se cubrían la cabeza con un velo para hablar.

Sus palabras iban plastificadas por la pena.

Hay demasiados poetas malos del mar.

De los pájaros, sobre todo los que están lejos del río, los menos vistosos cantan mejor.

Clavaba estacas en la línea del horizonte, ahora va hacia ellas ciegamente.

Ya no puedo leerla como antes. Aparezco por todos los lados. Toda su antigua fuerza expresiva se ha convertido en una regresión silenciosa. Yo por aquí, yo por allá, y yo, que quería salirme de lo escrito, apenas aparecer

en un par de hojas más adelante, como un simple emba-
jador que a ratos escribe algunas breves notas de los lu-
gares por los que pasó. Me veo en los tuyos como el
mayordomo que abre todas las puertas. Mientras tanto
nuestros poemas se van degradando cada vez más, como
los de ese tal que ensaya a escribir "la ducha quedó mal
cerrada una eternidad" De las tres iniciales de su nom-
bre, ya le he quitado una. Siempre he escrito que te veo
sentada junto a una ventana, nunca de pie, como a mí
me hubiera gustado.

Ya terminé el poema en el que te veía. Era espacio.

Los diferentes marrones y ocres de Extremadura, lo
carnal de la tierra, las extensiones beige de septiembre.
Ahora hay que cruzarlas. Desespera y desilusiona de la
misma manera que haya cambiado tanto el lugar como
que haya permanecido igual después de veinte años. Es
una rémora que no sepamos calibrar de manera justa, ya
no verdadera, sino justa las cosas, finalmente ninguna
lección.

He madurado, pero como una fruta que se despren-
dió del árbol prematuramente y se pudrió en el suelo.
Carecí de destino, a nadie le endulcé el espíritu.

[Ritmos de escritura] Entre los cien metros lisos y la
maratón, la marcha olímpica, siempre parece que se des-

encaja la caja ósea del cuerpo, me desagrada el sobres-
fuerzo, esa manera de marchar, o caminar a punto de
romper hacia el correr, marchar tan deprisa no es natural.
La poesía solo se deja hacer en el ritmo aéreo del nadador,
aunque a veces ande caminando con el agua hasta la cin-
tura, no sin esfuerzo, son los ritmos sin gravedad del alma.

"Vivimos bajo un cielo sombrío" Paul Antschel en una
carta a Hans Bender (1960) y entonces imaginé ¿o vi di-
rectamente? Ese cielo renano, vacío, gris, desde el que
nunca llovía, y todo estaba mojado, pringoso. El negro
lacio de los cuervos.

Absurdamente coloquial. Entrada del intercambiador
de movilidad de Moncloa, en Madrid. Bajo las escaleras
mecánicas perdido, le pregunto a una mujer de origen
latinoamericano por las puertas del metro, ella, sin de-
tenerse, me dice, señalando con la mano el lugar "Amor
mío, hasta el final"

Los domingos siempre moría, dejaba de hablar, se
tumbaba largo tiempo en el sofá, vivía una enfermedad
llamada *Leere Halluzination*, sin cura. Lo que no tiene
cura te pide demasiadas palabras. "He muerto demasia-
das veces, no sabría decirte cuántas"

Ella me dijo que el alma pesaba más que el cuerpo.
Lo comprobó en una balanza atómica.

113

En Cuenca crucé el puente de viga de San Pablo corriendo. Caminar sobre el aire, el vértigo, las fuerzas de succión tiran de mí, para contrarrestarlas corro, cuerdas elásticas me sujetan, romper con el pasado es el chasquido que se produce al romperse la cuerda, el latigazo es en el aire. Ya al otro lado del puente, con respiración agitada contemplo el vacío de la hoz del Huécar, el otro poeta que venía a mí lado atravesó el puente con los ojos cerrados, ciegamente se guiaba con el tacto en el pasamanos de la barandilla. Confluyeron nuestros vértigos.

Tengo las manchas de tinta, azul y negras en las camisas y los trajes. No concibo una jornada de escritura, no más de dos horas y media al día, repartidas en sucesivos instantes, sin que las manos terminen manchadas. A estas manchas de tinta las llamo Taches d`honneur. Acudo siempre al agua para todo, del lavado de manos a nadar en el río ¿Yeltes, Coa, Alagón, Jerte? Ríos pequeños. Filogénesis. Él dice que también hay una historia geológica de la poesía, se retrotrae a los átomos. Pronto me di cuenta de que la poesía mancha menos, pero su Taches d`honneur son más grandes.

Lenguas asesinas, dialectos sicopáticos.

Humillado por una tribu de...

Lugares donde no se habla, orillas de ríos, desiertos, cimas de montañas, o se escucha el rumor del agua, o el silencio del cielo. Batiburrillos, pero han llegado de alguna manera a ti, los *Mischmasch*.

Apuntalar muros en perfecto estado, una manera de arte. Los troncos que lo apuntalan han sido intervenidos por... un chino..., el blanco de la cal reluce, repele la luz con fuerza, a cierta distancia parece incendiado. El propósito o finalidad de esta instalación ¿ninguno? Es el tiempo de la nada, *par soi-même* duración en el vacío, debe aguantar cientos o miles de miradas. Arte es todo lo que contemplan en un momento dado un sinfín de personas en un lugar concreto. El tiempo, que sobre todo recorre lo de adentro, se conmina con las fuerzas de la naturaleza contra la eternidad. Un árbol, un cuerpo mientras duerme, se entraña, su velocidad de crucero es el instante. Después queda lo visual, la nube cambiante, la corriente del río, el tiempo dinamizador. Mientras erosiona la montaña, los mares, las costas. Entonces comienzan interminables y lentos días de lluvia que desmoronan y disuelven la montaña de ceniza de... otro chino.

Un hombre ante los pedazos de su yo.

Los huesos de todo dios.

Están él, o ella, dentro y fuera de sí mismos, imperfectos, degradándose cada día, incluso contra ellos están, sin ese miedo a perder el hilo de plata de lo comunicable. Se sienten él, o ella ascendidos, libres para ser en ello. Antes se escondían en lo que escribían, ahora solo esconden lo que escriben, no hay ya pudor en ello, se muestran enteramente desnudos, discuten solo cuando se han desnudado, es solo por la felicidad de ya no ser más allá de ellos, la felicidad que surge de ello, la felicidad de la espera de lo que no será, o de alguien que llegará y les preguntará *por eso*.

Escribía sus propios rezos, los leía en voz baja para que no retumbara el mundo.

Campos simbólicos, en realidad, ahora campos de rastrojos, y como deseamos, con los ojos ya pesados de solo vernos a nosotros allí, que nuestra caligrafía sea el rastrojo de un viejo lenguaje que se agostó.

¿Por qué sufres ahora por alguien a quien no has llegado a conocer? La inversión térmica de las pasiones, igual de rápido que se insoló el día se desoló, en la noche, incluso todo más rápido, un poco más el frío, parece que no tiene final.

Perros, muchos perros, cientos de perros, se la podría llamar la ciudad de los perros. Sueño con perros, solo oigo perros de madrugada.

También le gustaban palabras elásticas, tirar de ellas hasta romperlas.

No hay nada que decir más allá del poema, solo otro poema.

Sigo viéndote, allí, muy lejos, cada vez más, contra las leyes de la óptica. Por mucho que te alejes no dejo de verte, ni de oírte, en el sol, en el silbido de cada sol, ya no son los ojos ni los oídos, a veces es desesperante, otras me inclino por esto hacia la auténtica alegría.

Tú escribes para nadie, ya no sientes temor por eso, te vistes dos veces, un traje por encima de otro, ni siquiera necesitas esconderte de ti.

Muchos días junto al mar me aburren ¿el paisaje? ¿existe eso? Un pueblo lleno de pequeños hoteles, distingo cada uno por su olor, cada habitación por su olor ¿cada mar por su olor?

Soñé con mis amapolas de invierno, negras, saliendo de la nieve.

Una joven francesa caminaba sobre los lodos refulgentes de la playa de San Amadeo en marea baja.

Ella llenaba de nieve las cestas de mimbre, cosas, utensilios, *Gerätschaften* ¿Las almas tienden a trenzarse?

El círculo encerraba tierra quemada, más allá lo mismo, tierra quemada, un círculo imaginario, siguiendo la línea, a cada paso levantaba polvo de ceniza.

Hay una bondad negra en ese cultivar su yo insulso. Sus monasterios y claustros en realidad son cárceles de paja. ¿A qué sabe el cielo entonces? El sabor del agua nos da pistas [Eben]

Al ¿qué te gustaría tener? ella contesta ¿qué no te gustaría tener? En las dos está el deseo. –No debería tener deseos, ni siquiera deseos de lluvia.

Un poema por acupuntura.

Como una pista de atletismo tomada por las hierbas, abandonada hace ya mucho tiempo, las líneas de sus calles ya casi borradas, ¿es nuestro corazón? Quien más corría y llegaba el primero, el que daba vueltas, ligero como un aire, aún oigo latidos de un viejo amor. Cada vez más cegada por las hierbas, agrietada o levantada por la fuerza de la tierra. También los aeródromos abandonados, -usados en tiempos de guerra- se han levantado. Ha germinado la idea de un castillo de cristal lleno de agua. Toda construcción abandonada está llena de amor, toda casa vacía es habitada por la ensoñación y el olor a océano.

El mejor regalo que me podía hacer, un día entero, con su noche, lloviendo, la lluvia, después ese sol lavado, y la luz que brilla en todo.

Si llegaran a ser visibles las vetas de cada alma.

¿Viviré de nuevo un año sideral?

Por lo general un camino hacia el sol, esto se repetía muchas veces en el poema.

Todo a través de algo, el poema a través de ti, el mundo a través del poema, el poema a través del mundo.

Empobrecerse, empobrecerse de todo, de ti mismo, aun así nunca te encontrarás.

Ella se emponzoñó, escribía emponzoñada, en una mesa de madera de fresno donde todo se encontraba amontonado, lleno, sus libros ya no tenían capítulo, sino instantes, sus cuadernos cada vez más grandes y blancos.

¿Ofrecen más que piden?

Como se ha extendido su pequeña historia.

Donde el tiempo se ocluye, en estos campos que inmutables –Dehesa de los desasosegados– ante el paso azul de las estaciones, han visto de cerca algunas guerras.

Otra vez la pereza, la amante, llena de sí en ti, hermosa como un paisaje muerto.

Corren rencor, se dan la vuelta hacia los tiempos heroicos, y llegan desnudos al pinar que ardió.

Un páramo lleno de porterías de futbol.

Desconfía de las lenguas melosas, la poesía pierde en ellas el alma.

El inglés no es una lengua lírica ¿y da tan buenos poetas?

Lo que más le interesa del mundo es el paisaje, por ello aún se congracia.

Lestrange aún sigue añadiendo afluentes a su río imaginario.

Las casas que flotan en el aire, los límites de progreso se representan en vertical.

Todas las interrogaciones que se encadenan para llegar a nada, tartamudea para sentir la carne de las palabras.

Ama solo sus palabras, a la de los otros las llama polillas.

La espera de algo bueno siempre es mejor bajo un toldo mientras llueve.

Un mundo barroco es un mundo sin dios.

No puedes quedarte aquí, no puedes, solo lo oyes, lo oyes hacia ti ¿Quién te lo dice de esa manera, te esquiva, te difiere y te encierra en ese no-puedes-quedarte-aquí? Todo lo sientes contra algo y así nunca terminas de marcharte de este lugar.

La tensión de la cuerda del arco y la del arco es una sola, el de tu brazo al lanzar las flechas, el impulso del instante, se escribe así, con flechas en la mano y el arco a los pies [Arquero]

Tsimtsum, retirada, contracción hacia una poesía de la retracción.

Ella llega nadando a mi muerte, después se pone en pie.

Orejas que hablan.

Arponazo en la cola de los acontecimientos.

Ahogarse en seco, desahogarse, pero el ahogado nunca podrá ser el desahogado, *ertrinken* –se lo ha bebido todo– *enttlasten*. Para el que lo ha dejado todo, o ha expulsado sus penas y miedos, palabras sin ninguna relación, pues el que murió ahogado en las aguas, y el que desahogó de sí mismo en la playa están muertos y vivos a la vez.

¿Vuelve la luz al lugar de donde ha sido dispersada?

El santo de las nadas.

Bouwsma lo llamó profeta, y he aquí los santos, Kafka, Simone Weil y G. Trakl, no muchos más. p.c. prefería caminar sobre lagos helados y no hacerlo por las aguas, *sin* duda podía, una vez le vi. Amaba el riesgo, nunca sabría si la capa de hielo aguantaría el peso de su cuerpo.

¿Nos hacemos daño para no hacérselo a los otros?

Enfermedades laxas del lenguaje, tópicas.

Un año cultivé solo la mitad del huerto, dejé un libro sin acabar, esperé a algo, no sabía a lo que esperaba, cada poema era testimonio de esa espera. Cuando no llegó lo que esperaba, continué hacia adelante, pero no siguiendo la dirección que estaba marcada, fui hacia allá, en esa dirección hasta el día de hoy ¿Lo ves?

Uno pasa al lado de algo muy grande y no se detiene, sigue y sigue hacia ti.

No hay un árbol igual a otro, amaestra sombras, les enseña a hablar.

Ribeira de Alpredao, Castelo Novo, allí nos bañamos, 8 de julio de 2023.

Hablaba y hablaba hasta desaparecer. Solo quedaba una boca, un Klotz.

Cosas que te gustaban de mí: lo torrencial seguido de largas sequías. Cuando después de largo tiempo de oscuridad, encendía la luz del salón, cuyas ventanas y contraventanas permanecían cerradas, -que es como tener los ojos cerrados dos veces al mismo tiempo- y me veía echado en el sofá mirando el techo, yo nada, la nada asociada a un color. Ella era constructora de universos.

Las innumerables formas que la noche puede adquirir, si los días se repiten es porque ninguno es igual entre todos, ni siquiera la rueda al rodar avanza, solo lo que lleva.

Dices que un poema te ha curado ¿de ti? Había que leerlo solo de noche.

Dices siempre *yo*, pero es un yo subalterno, para hacer un ejército los transformas pronto en tú.

Sus poemas carraspean.

Quiso como un ornitólogo de salón cruzar la poesía de Emily con la de Juan de Yepes, de las aberraciones ¿una belleza estentórea?

Desde Ginebra escribía de la luz de Almería.

Apuntaba en su cuaderno todos los tipos de apocalipsis posibles, uno de ellos "una gran fiesta universal" o la gran melé de millones de seres apretándose hasta la asfixia. Algunos apocalipsis eran demasiado tranquilos como para constituirse en hipótesis. Lo más certero hubiera sido pensar en la concatenación de sucesos y variables. Un fallo multiorgánico por fases.

Arrancaba cada palabra con su raíz llena de cielo, algunas se llevan todo el cepellón, in-trasplantables en el otro. [*unverformbar*]

Algunas "cosas" existen solo en las palabras y no se las puedes sacar de ellas.

El más breve de los asuntos le llevaba siglos -dios-

Dios se apodera de todas las épocas y es incapaz de unirlas.

La ampulosidad cortante de sus textos, también amaba los hiatos, las extensiones de su silencio.

La gran olla podrida de la poesía española.

Amansaba las montañas desde lejos.

Dos maneras de conquistar la montaña, directamente por la falda, o sus pies hablando directamente con sus vientos.

Las mansas montañas provocan accidentes, como las bestias azules.

Los sueños nos expurgan la realidad.

Sus breves baños en el mar, como los animales y las aves. Un entrar y salir. El frío del agua, el sentir siempre frías las aguas, por contraste con su cuerpo, siempre en fiebre, el calor constante de su corazón.

La larga lengua del cielo, en nuestros días habla inglés, pero en un inglés de Boston, una *diplomatic poetry*.

Él mataba por sus aforismos, a los que llamaba cesuras, grietas, pararrayos, dejó a un lado sus lamparillas de aceite, su poesía era huera, terminó escondiéndola por no atreverse quemarla.

La cuña fuerza lo que abrimos, el poema que solo se comporta como la cuña abriendo el cielo. Otra fuerza. ¿La fuerza del lenguaje abriéndose con la fuerza de la "cuña" –Wiege– El dolor de un parto, es el dolor de lo que sale al mundo forzando la abertura, "Wiege" cuñas de lenguaje, el resultado es el resquebrajamiento del propio lenguaje al abrirse al mundo. El texto deja ver lo humano como la noche deja que veamos el firmamento. Ese es el sentido del parto, no el dolor de ser, y si el recuerdo del dolor de no ser.

Guardo los pipos para recordar la fruta.

Nos comunicamos a través de nuestros libros, se abren los significados con la cuña de nuestros espíritus, nos ayudamos a ver con golpes de palabras.

Sabe del beneficio en los campos de las heladas de enero, como se aprieta la tierra hasta romperse en sus fibras, o mata los bichos insomnes. El blanco de la escarcha, el aliento de tus visiones calientes.

Le escribí poemas de abajo hacia arriba, todos eran escaleras hacia ella (Hashigo)

Omoiyari, asistíamos a clases de compasión.

Hilar la nada con nubes.

Energías soterradas, cables enterrados, conductos, tuberías, fibras, para que no se vea la voz del sol, la luz no fluye, fluye la orden, en los poemas también se soterra la fuerza de la memoria, la poesía soterra el sol, la memoria del sol, es un arte de ondas.

Bajo toneladas de números ¿tu nombre?

Una historia a más velocidad que su tiempo, así la liebre corre tras un erizo y no lo alcanza.

Era borrar y borrar hasta la desaparición de los hiatos.

Despeñaderos de felicidad.

Se acostumbró a morir cada noche.

La dicha de enojarse.

El cielo allí abajo, también alrededor, encima.

Eres números, cifras cada vez más largas, se te ha codificado cientos de veces. Lees el listado de cifras como un poemario. De la paridad a la trinidad, escondido tras los números.

El mar siempre está igual, para pintarlo debes utilizar todos los colores. De noche se le oye entero, acompasa el zumbido del universo.

Si lo escribes inmediatamente ya nunca serán recuerdos. Solo olvidándolo por un tiempo podría suceder. La escoria que deja el vertiginoso tiempo. Hitos a seguir. De todas las olas solo te interesa la que te voltea hasta sacarte del mar, en todas las esperas nuevamente. Algunas señales a tener en cuenta deberán parecerse más a las ramas que trizó un aire violento que al polvo depositado en las cosas. En algunas casas cerradas hace ya muchos años el polvo es la única señal del paso del tiempo. El aire que rompe las ramas se adelantó al tiempo, las ráfagas más violentas llevan una carga de lenguaje futuro. [Rastrear]

Ahora podemos saltarnos las estaciones del año y rodear a la muerte con una red de luz.

Se nombraban dioses por asamblea.

El miedo a las cámaras, como algunos animales, ante ellas se daba la vuelta y tosía.

Cerca y lejos aquí se cambian por altura y benevolencia.

Él, incluso abandonó el sol, este ya no era su ojo ciego. Ya nadie te vigila al mediodía. Tu ceguera es debida a la luz. Él ni siquiera es ciego desde su ojo solar, solo abandonó el mundo, desapareció, nuestro lenguaje ya no puede reconstruirlo, el lenguaje es huérfano de ÉL, la poesía también abandonará al hombre. Hablamos para sobrevivir.

Del temor de la palabra nace -*morte*-, la U bocabajo *"tremor"* para que pase todo bajo la U.

En sus películas no había poesía alguna, por más que el silencio habitara en los personajes entre los almendros en flor. Un silencio prensado, absurdo, inducido, forzado, vacío entre girones de aire azul. A ellos les hubiera gustado hablar, hablar mucho, hablar sin parar.

¿Son poemas? ¿Siguen siendo poemas? ¿Seguirán siendo poemas?

Comienza a ver los sueños como bagatela, el lenguaje solo puede acotar su ceniza, los denomina la basura de uno mismo.

Lo temo, lo temo, lo temo, así lo repelía.

Clases y tipos de muerte, las veniales y las mortales, y aún podía reducirlas a subcategorías.

Preferiría estar muerto cada vez que duerme. Las pequeñas y breves muertes del dormir.

Carecer de estilo, de la "maniera" hacia ello debería ir el poema. La poesía se escapa de la supuesta poética. Un "yo" desolado. Algo así como la sombra de alguien apuntando hacia sus ropas tiradas en el suelo. El verdadero cuerpo no se va. Así cuando la boca habla parece hacerlo desde el cielo. El desnudo lo desnuda todo sin descarnarse. No es tanto descarnar el lenguaje hasta pulir el hueso, o llegar a lo óseo de la jibia una vez que se ha recogido la tinta para escribir en el futuro "Mil veces yo". Pero ese "yo" no dice "soy", no dice "tú" no dice "eres" etc.

Que la inspiración te coja confesado, no hay alturas.

En el esqueleto de un dinosaurio podía ver la montaña.

Por la cantidad de montes sagrados que has hoyado ¿Y los desacralizaba?

Entre sus vicios o manías, la de tocar con la yema del dedo índice las puntas de flecha. Afilar es otro tipo de afinación, para la música de la muerte. Me exoneraba el *Ailen duinn* cantado por Else Lasker.

Un día tras otro de lluvia, y solo tres o cuatro día de sol al año, eso es lo que esperaba en este lugar –y no era así exactamente– estaba contaminado por el cine, al que denominaba arte ¿y no es el arte algo propio de un solo individuo hacia los otros? Se consideraba el personaje escondido de Blade Runner. Una lluvia tibia, constante, eterna.

Los muebles ya no se hacen con madera y clavos – dejó de oírse el aserradero junto a los ríos, dejó de oírse el agua ¿en tu alma? a la campana que avisaba de los incendios. Él decía, y creo que lo escribió en un cuaderno ya perdido, que en las noches de Atacama, densas como el petróleo, se oía el sol. Prometió muchas veces hacer una cama, una mesa y una silla.

La pureza, lo puro te obliga a escribir sin fin, no tiene límites tu escritura. Se intenta llenar el vacío de uno confundiéndolo con el vacío del mundo. El que se enfrenta a la realidad tropieza con sus propias palabras y las de los otros. Se confiesa: no tengo mundo propio, ni siquiera llegaré a ser una espiguilla sin inflorescencia junto a un muro. Pero la pureza no se puede medir, carece de parámetros.

Todo ha sido sustituido, la poesía por *poèmes*, te aglomeras o te aglomeran. En la aglomeración resistes como un cuerpo extraño, una esquirla de pedernal entre virutas de pino y eucalipto. Permaneces encolado hasta que se despegan tus ojos. Todo fue sustituido, la poesía por *poèmes*. Un poema se puede codificar, no es exactamente una traducción al uso. Se prensa el poema en un código y tú también desapareces en ello. Con ese código puedes acceder al infierno, a ese lugar llamado ahora Paradis of habits.

Se iba estrechando cada vez más la carretera, solo de ese modo podía llegar hasta el lugar indeterminado. Un vasto espacio recogido en un nombre. Todo llevaba allí, incluso la carretera. Así también se estrechaban los poemas, contemplaba el paisaje y sentía esto. Les daba intensidad, estrechándolos para llegar al no lugar. En ellos se recogía lo que de otra manera solo podía caber en los ojos. En una mirada mucho, no demasiado, nunca demasiado, sino lo justo. Nunca terminan de llenarse de vida las palabras, después habría que vaciarlas de esa manera. Servía de refugio, a la medida de un cuerpo que respira no solo el aire sino también la luz. [Experiencias en Ex.]

Lo nodular de saberse poeta lleva al desierto del ser [Él o ella no deberían ser poeta] Se exclama en el vacío y finalmente terminan escribiendo rezos que nadie rezará. Una religión del lenguaje alejada de las cosas reales. Solo reconozco una visión de la poesía que sea enteramente satisfactoria afirma Cioran, y es la de Emily Dickinson. Ella en presencia de un verdadero poema se siente sobrecogida por un frío tal, que tiene la impresión de que no habrá fuego alguno que pueda reanimarla.

Tachadura [*Streichung o deletion*] En los matices está la auténtica naturaleza, ni la supresión ni la borradura conlleva desaparición, aún podemos leer lo que hay debajo. Después queda el extrañamiento del mundo en un vistazo irreconocible.

También surgen otras enfermedades y otras maneras de acercarse a la muerte.

Al peinar almas veía pelos en todas las cosas.

Balbucear -*plappern*- escribió incluso un libro, así descendía, luego en su parloteo intercedía entre dioses.

Allí van grullas [Niebla]

Un literato ¡Quelle honte!

Huele el abismo, huele el cielo, también te dice a que huele cada mar ¡Y el mal huele! Sobre todo la montaña en la noche.

La visión que ella tenía de las cosas era sencilla, pero las miraba con sus ojos encendidos y las penetraba. Podía hablar largo tiempo sobre algo a lo que el lenguaje no accedía por sí mismo, como si lenguaje fuera su hijo y ella tuviera que llevarlo de la mano hasta el río.

Calentamiento global por exceso de poemas.

Cambiaba el nombre de los soles cada cierto tiempo, estaban llenos de silencio.

Los poemas de tergal de A.P.

¿Cómo le llamaba al sol durante la noche? ¿*Kreis von Stacheln*? [Círculo de espigas]

Ancha es Castilla, las referencias chillan.

Gracias a la gravedad puede existir el amor, casi todo lo que trasciende desde las palabras es gracias a la gravedad, la existencia misma del lenguaje como lo conocemos ha sido posible gracias a la gravedad; el vuelo mismo, el vuelo no es posible sin la gravedad, y lo que está en los aires, en la levedad, siempre en el fatalismo o la libertad, siempre en la posibilidad de la caída. Pero si fuéramos seres aéreos, desapegados, alzándonos y cayendo, nuestro lenguaje no sería el que es, y las posibilidades otras, otra la existencia, y los dioses no estarían tan lejos en el espacio.

Él recordaba el nombre de una mujer, Gilberte Cahen, y así, a través de este recuerdo ya devastado, infinito, me llevó sin querer a ella. Pero ella eres siempre tú. En algún momento tú también fuiste Gilberte Cahen, y yo él, aquel que me dio la oportunidad de ese nombre.

Viaje por Escandinavia tras las huellas de L.W. el ermitaño. Allí creo que escribió un puñado de poemas que después destruyó por miedo o angustia, le resultaba terrible estar perdido en el lenguaje. Un ser en un páramo de nieve sin límites. Allí se podía decir todo, sin límites. Él era un Einsiedler.

Ella, otra vez ella, vuelve, siempre está volviendo -*comme les wages* da Praia de Gincho- La formación de mi espíritu llega de mi erosión. Me da una forma amplia más allá de mí.

Aquella excursión en coche por la sierra de Sintra. Llegamos sin querer, subiendo la montaña por una carretera estrecha llena de curvas hasta un memorial por los catorce bomberos muertos allí, en un incendio, un día de agosto de 1982. Los accidentes del destino.

Los hombres apuntalados en sus ideales, viendo las vigas, y el entablado podía ver el árbol ¡*Quelle Honte*! Tú, siempre tú, todos nosotros somos tú, ellos, yo. Se altera para siempre la forma de hablar.

La frase de otro enciende la tuya ¿Y la tuya? ¿Enciende la de otros? Los silencios entregados al "Silencio".

¿Qué quiso decirnos en su "Ensayo sobre el cansancio"? También él se cansaba de sí mismo. Sus textos son dunas móviles, avanzan con todo hacia la nada. Lo importante es lo que hay en cada palabra. Todas para un sumario leído al resplandor del fuego en una caverna. Ahora aquí, algunas frases suyas ayudan a comenzar de nuevo. En su cansancio descanso. Releo antes de que le salga la nueva corteza, antes de que se arranque el significado.

Un poeta ¿Ético?

Ya que dios ¿O dioses? No se fecundan entre ellos, una visión que desplace el mundo.

Parejas deshuesadas, ahora se sostienen en pie ayudados por bastones de firmamento.

Ha logrado ver la médula del cielo.

Para quien se asombra tanto no hay solo un sol ¿tres? Lo que no se ve es lo importante.

"nunca he podido soportar a Sartre. Es un producto espantoso de la formación francesa" Elias Canetti.

Me lo quito de la boca y después de la mano. Yo lo hubiera escrito por todos los muros blancos de Francia.

Antes admiraba ese país, ahora y con gran esfuerzo lo des-admiro. No llego a entender por qué.

Una frase bien construida, un puente de tablas.

Con los años debería arriesgarse más, practicar los deportes más arriesgados.

Pasan colegiales hacia el abismo.

Tu voz sigue rebotando en las paredes de la cueva gracias a que está encerrada en mi mundo. Como recuerdan los brotes a los otros árboles.

Hobbys, entre ellos la poesía, también la pesca a mosca con cola de rata en vez de pesca a mano con el cuerpo dentro del río como un animal sigiloso. ¿Se mira las manos alguna vez? La voz sola no basta, necesita de la destreza y la técnica. Para hablar con los dioses conectarse, para sentirlo todo ingerir lo que se ha cargado previamente de energía.

El sigiloso parapente pesaba algo menos que el cuerpo que sostendría.

La naturaleza imita los defectos del hombre.

La duración de una palabra. Ha inventado una, defiende el hecho de caminar de espaldas hacia atrás –top secret–. No puedo llegar a imaginar a millones de personas realizando esa praxis.

El cielo, para que aparezca como una bóveda, nos ofrece el trampantojo de su inmensurable abertura: ella nos enseña a sumar los tramos, y a ello lo imaginario, lo que nunca cupo por exceso en la realidad. Al menos queda este camino de Calera a Navalmoral atravesando el Campo Arañuelo. Cansado de verlo innumerables veces desde la ventanilla del tren, ahora sí, en verdad lo camino. Nunca me cansó tanto como ahora que en verdad voy a pie.

El balón domina a los niños, todos corren detrás de un balón rojo, caóticamente. Si no hubiera obstáculos en los que rebota, el balón los llevaría lejos, muy lejos, hasta dejar de verlos. Esto se nota sobre todo en los eriales y en las playas. El balón acaba en un arroyo o en las playas. Dios es el mar, a veces les devuelve el balón. Esta imagen sacada de la realidad, la viví in-numerable veces. A través de ella entiendo lo otro: el escritor muy joven, infantilizado, también al poète les ocurre lo mismo que a los niños del balón; no digo un niño con un balón, porque el balón en relación con uno solo, es quietud, le da patadas contra el muro, o lo agarra para no soltarlo nunca. Ese joven escritor o poète corre detrás del lenguaje salvaje, no por delante del lenguaje, con temor, como cuando huimos de un alud, o nos alejamos de la orilla del mar ante las grandes olas.

El infinito es la excusa de la palabra donde no cabemos.

Cada vez que decía yo sentía un pinchazo.

Sumaba sus desilusiones para sentir una gran ilusión.

Se cura con miedos ¿de qué? de los propios miedos.

Hojas de chopos con melaza, se pega a tus dedos el aire, llevas una hoja en la frente.

Cielos como telas, las desgarra el agrimensor, las cose tu amada muerta.

No participar en los que ellos trajinan.

Hojas con melaza, se pega a tus dedos el aire, llevas una hoja de arce en la frente

Tú te salvas porque te amo, el amor es terrible.

¿Quiénes son ellos? Casi todos.

¿A dónde has llegado? No lo sabes, no lo sé. Poco a poco se llega, poco a poco se sabe. No quedó memoria de la ilusión de ir. Lo único que no se borró fueron nuestros cuerpos: No sabemos bailarlos. Ocurre siempre, nunca ha dejado de suceder lo que ocurría hoy mismo. No se espera que suceda, ese suceder no interfiere en el tiempo, solo ocurre, después todo parece volver a un estado normal, a ese ayer. Un estado de espera en el que lo ensoñado se espiga, o florece el futuro un poco antes de ser. Son solo señales, y el mismo valor tiene lo espigado que lo que se rompe a través de la floración. Ocurre, el amor buscado nunca se llega a explorar verdaderamente en un contrario, solo ese amor que ocurre, que logra desplazarse de uno a otro en un choque de destinos es el que verdaderamente ocurre, y siempre ocurre. Ahí sale un árbol inesperado. La muerte tiene para cada uno un sonido y un olor ¿Será el tuyo como el chillido de una ballena en el vacío, una sucesión de chillidos azules que no llegan a nadie?

3 de julio de 2023, día de Santo Tomás. Una noche de verano muy pura y oscura.

Esto es un "poema" una flecha al cielo, Pfeilen, que tarda en caer. La espera de caída de la inversión de la gravedad. Nunca sabrás donde cayó.

¿Habría que desaprenderlo todo? ¿Y cómo? ¿De golpe o al precio de la lentitud? Lo mismo que se tardó hacia un lado también hacia el otro. No, debe tener otro ritmo, el de las consecuencias, y otra manera de ser irradiado, por ejemplo, desde otro sol o estrella. Otra intensidad. No concibes que pueda ser de día siempre, y que un sol deje paso a otro. ¿Pero cuáles son los fines, ese para-qué? Lo imposible posibilita otra fuerza, otra atracción. Algunas aves ya han probado la falta de gravedad. La memoria del vuelo pesa en uno.

El abismo es una palabra inconcreta, se va pelando con el aire que sube. No lo vemos, pero el vacío tiene sus límites, su contorno, debería ser un espacio sordo.

Escribir por ahondamiento, pinchar en hueso seco el cielo, por ahondamiento, y cada vez a mayor profundidad es la búsqueda de lo que se sabe que está, los pozos hondos. Cuando se llega al nivel de la capa, el pinchazo hace brotar el agua ¿estamos ya en eso? Se hace duro, en verdad que sí.

No soportaría ser el afluente de él.

"Si fractus illabatur orbis" [Si roto se desliza el mundo]

Escribe para retroceder.

Ourivesaria, te venden trocitos de sol.

Un tal A. P., lo que me da pena no sobrevive.

Antes de nacer ¿estabas muerto?

Los tú, todos van de luto, el negro les sienta bien. Días de sol de un invierno cualquiera, al sol se calienta un cuerpo demasiado vivido, lleno de ramas viejas.

La muerte a la que llamo de otras maneras, ...

Frases aún más cortas me decía, y seguía cortándolas, después ya solo le quedaba cortar las palabras, en tres, en cuatro, y hasta en cinco trozos.

Enferma de sí mismo.

Nos parecemos ¿pero? –odio los "pero" a la vez que los amo–

Se llenó de espigas todo lo que podía llenarse de espigas.

A la espera de la tormenta. Ver es amar.

La tierra no siente la hierba ni las flores.

¿Qué te dejas atrás? Tú me dejas atrás, yo a ti. El asombro y la sombra ¿esto?

Incendios a lo lejos, el aire en las aguas, el instante de la ráfaga.

¿Y tu estilo seco? Ya vamos desnudos a pesar del frío. Es un estilo frío, sólo así podremos sentir el calor de las palabras, el de un cuerpo que se atempera.

Bautismos en seco.

Como si en un libro hubiera sublibros –esto es– libros más pequeños llenos de niños mudos.

¿Ves tú también la semejanza entre una palabra y una grieta?

Apostata de ti, creyente al cuadrado.

¿Qué sé yo de todo lo que sabía? Te sé en ciernes.

Si escribiéramos en el techo nuestro amor, nuestra *rabbia*, nuestros anhelos, poèmes, las palabras se comportarían como grietas –esto es no solo visual– pero por otro lado las grietas aliviarían de peso la techumbre, nos abrirían el mundo, creo que el cielo no pesa.

El arte está en entredicho, la poesía sigue y sigue y sigue hasta ti.

En las grietas leo que estás cerca del mar.

¿Qué deprime más que un pantano vacío?

El arte más verdadero es la vida, y cómo nos autodestruimos para estar más vivos en ella.

Mis residuos, también mis libros.

A mayor altura se pierde el miedo al vacío.

Comezón de ti.

La poesía no salva, hay que vivirla sin prurito.

El enfermo se queja. ¿Hay poema? ¿Hay disuasión?

Trémula verdad.

Presiono la punta de flecha en la mano, esto es lo que hago con todo, sentir lo afilado.

Casi todo es retórica, la poesía de nuestros días una retórica del yo.

La dureé de los residuos del amor.

La poesía es mi madre, una madre que apenas habla conmigo.

Imagino que nada se moviera, y que mandas a los perros a explorar el cielo.

La luz –siempre– es la de un niño muerto, y *la de*, y por tantas cosas.

Las arrugas de una sábana, también se podría leer esto cada mañana, en los posos del café, las rayas de la mano o los cielos de cada día.

Tú saldrías en un momento, siempre o nunca de las aguas, del agua ¿Se necesita tanto tiempo para el instante?

El movimiento debe ser contemplado y vivido a través de la lejanía, la comprobación se da en el ir del cangrejo del agua al sol, es un movimiento mecánico que tú crees poder dirigir [juguete natural]

A mayor altura se pierde el miedo al vacío.

Saja cada día su yo.

Aún se confronta a sus maestros, estos han dejado de hablarle.

El dios ínfimo de ahora ¿estás solo?

Muchas veces se nace, morir solo una.

No sé cómo era Nueva York, me lo preguntas siempre. No lo sé, iba ciego de drogas, fui un globo de ser como decía Karen Enser.

La muerte pasa de un cuerpo a otro, los deshabita pronto, no es más que el huésped del sol.

La muerte no habla ¿Y lo muerto?

Todo está en aparente calma y situado en su lugar, naturaleza expuesta en el paisaje, armonía a la espera de la tormenta, mis libros nunca en su biblioteca, están sobre una mesa, en una silla, en la mesilla de noche, en la mesa de la cocina, y en verano en el suelo. ¿Están vivos para ella?

El animal ciego nunca habría hablado ¿Y si lo fuéramos?

Eternizar, retener, alargar la vida prescindiendo de su parte espiritual –J ngshén– Quisiéramos que la muerte nos diera placer; es como aplaudir al sol a cámara lenta, y agarrar el aire por detrás para dilatar la alegría sin espantar al miedo. Se nota sobre todo en la fruta manipulada genéticamente. Nunca muere.

Ver es amar.

Cabezas llenas de arena, cuando corren al escribir se las oye.

Los sermones que daba desde el Canchal de la ceja.

La caligrafía de un zurdo, de lo ilegible sale todo lo que leo.

Ha durado más de lo que creí. Era quitarle cada día al erizo sagrado una de sus púas, solo una al día, hasta que ya sólo podía erizarse su alma en la nada.

Fin de época, han medrado y se han subido las plantas, arrebatadas hasta tocar el techo, *trés vite-trés vite*.

Hoy no, no, no, no, hoy no, por tanto que sí que serpentea.

Las charcas de agua también tienen nombre: Charca de la princesa, charca del pozo negro, la de la perdiz, la del ojo verde, y así terminan encantadas al perder la noción de la profundidad, aluden a las ilusiones.

Los nombres de los ríos son relativamente nuevos, aún no han envejecido tanto como para secarse [Uso o Huso]

Le debo a mi país mi escritura, a ti mi escritura, se pierde el agua si no hay cauce, todo es cauce. Cuánto de cada existencia no se filtra aquí para reaparecer allí ¿Cambia la muerte los destinos?

Las largas noches de finales de otoño en Jaraíz.

Sombrear las carencias.

Alrededor montañas. Eres la cubeta de los recuerdos, y ahí sin memoria.

En otra época tal vez, en esta no, y así continúa el tiempo contra la historia bajo la paciencia del sol. En el cante jondo el fluir de la voz es el de un río seco, en los lechos afloran tablas de agua.

Esa puesta de sol eterna en la que siempre hay dos soles en el cielo. Sube uno al bajar el otro.

Como la codorniz de Ungaretti que cae muerta en la playa-

Me ciega ser.

Oreja dormida que solo oye el agua ¿Oímos dormidos? ¿Qué oímos al dormir? ¿Los crujidos de la cama como una vieja barca de madera que se queja por la presión del agua? ¿El aire golpeando en los árboles? ¿El sol tras la noche? ¿Nuestro cuerpo quemándose en el abrazo? Oímos el agua, el corazón del perro que nadó por ti en el abismo.

Los filósofos ingenuos de los primeros tiempos de Norte América, perdidos en los bosques. Ingenuidad frente a inocencia; la primera florece, la segunda se incendia, son incompatibles: en alemán Naivität frente a Unschuld ¿Cuál pesa más y cuál menos? Schuld es deuda, le arrancas a la palabra su ojo: Lo hubiera llenado todo con citas de Emerson, este mundo dentro del mismo mundo, un frasco de cristal lleno de agua o arena se hunde, vacío flota, lo noto en mí, me he vaciado para hundirme.

Lo consideró, en vez de ahorrar en palabras hacerlo en lenguaje.

Hedor del poema.

"El frío que nace del calor" Enrique Mercado

Canícula, aspersores, cielo vacío.

De nuevo el hedor de los poemas de un tal X.

Con la llegada de los primeros fríos los mismos rituales, leer, leer, leer a contracorriente los textos de los maestros, leer las huellas bajo los textos de los libros de los maestros, barrer las hojas sin llamarlas nunca "Hojarasca" palabra empobrecida, *Dürres, Laub* en tiempos de sequía aburrida.

Los tristes barrios dormidos de Castelo Branco.

Enésimo intento de regresar a casa, ¿en...? tendremos que sumar todos los encuentros, lo mejor sería hacerlo en días y no en tiempos concretos, parecería así que la duración es mayor.

La belleza intrínseca de los puentes, no existen puentes feos.

Los maestros me gritan ¡Por ahí no, por ahí no!

Papanatas de lenguas estandarizadas, pa-pa-na-tas ¿No es finalmente el nombre de un pájaro?

Machaconamente está en todos los lugares con su poesía de tergal [M.A.P.L.]

24 de octubre. Castelo Branco, llueve, 25 de octubre, C.B., llueve, 26 de octubre, C.B., llueve, la ventana de la lluvia, el tiempo se quema en las aguas.

Le prometía a su muerte la niñez.

Dijo que era el último poema, y por eso lo llamó muchas veces Saigo-no.

Es indecible, gracias a dios es indecible.

El amor basura, la comida basura, el poema basura. Levitó su grasa intertextual, iba dejando grandes cantidades de poemas basura.

Entra, entra, lo has oído en ciento de lugares.

Te has vuelto un integrista de ti mismo.

Y que tuvieras que pronunciarle tu nombre a la muerte antes de que te comiera.

Miles de palabras nuevas te asedian ¿Cómo las combates con los ojos?

Las oyes, oyes cientos de palabras nuevas todos los días, y entras en la ciudad para borrarlas.

Deseas un diluvio, no, no deseas nada, es tu sed de días, ni siquiera la compleja sed de uno mismo, pues basta ver el agua para calmarla, calmar la sed, el deseo de ser simplemente con los ojos, es como si donaras un poco de ser uno mismo –de tu ser– en lo otro, y lo otro te devolviera el mundo desde las cosas.

Otra vez en Francia, esta vez por nada ¿De paso?

Líos de lenguaje, y cómo pasó la mañana en silencio, un silencio que se acumulaba en la boca y en los ojos, un silencio con ganas de hablar.

Querría haber atravesado Francia a pie. Se ha vuelto una necesidad ir a pie a todos los lugares.

Más allá, allí, sí, está muy lejos, y solo se llega con los ojos.

Miles de verdades al mismo tiempo, todo se cuenta ya por miles ¿Y qué podíamos hacer con tantas verdades?

"Un escorial donde mueren las carreteras" Alfred Kollerischt

Los cien metros lisos que tú haces caminando de espaldas, hacia atrás, las pruebas absurdas a las que nos sometemos, un record de lentitud. Estaba la pista flanqueada por álamos, era otoño, amarillos, cirios, nadie barre las hojas, con la lluvia se han pegado al suelo. Camina hacia atrás, de espaldas, como el dolor, no se compite con nadie, aquí nunca se gana o se pierde, con el aire de cara, o empujándote, da igual de donde viene el aire.

Ningún esfuerzo o voluntad de ganar. No es tan absurdo en este tiempo caminar de espaldas hacia atrás, tampoco se alejan las cosas así, nunca desaparecen del todo. La pista es de albero pisado. Se despeja el día.

"Mi dicha no tiene fin" Albert Camus.

Todo salió de una numinosa oscuridad. Al final del libro, de este libro vuelve. Me acerco a ese muro oscuro, ocurre de repente, como un panel, barrera, o pantalla negra. No hacen falta puertas o entradas visibles. Tú pasas, pasas y te pierdes, pasas y poco a poco comienzas a brillar, y es así como se van perdiendo seres y cosas que van pasando, brillan durante mucho tiempo hasta que dejamos de verlo. También aparece lo que viene desde muy lejos, o lo que intermitentemente brilla a lo lejos. El final es lento, ramas que gotean durante un tiempo después del aguacero, el árbol removido por los aires. Se escurren, es el final, o que se escurre.

Todo ha estado húmedo, muy húmedo, por la piel de todo se escurrían los días, por el lenguaje la realidad, el mismo lenguaje se escurría. Esto te lo dije al final del libro. Te habías dormido.

"Los cabos que no podemos atar son el testimonio de lo trascendente" Simone Weil.

Como cuando un árbol da un estirón y solo siente el tirón.

Descreación, descreación.

"Lee dur désir de durer"

¿Por qué las flores siempre huelen bien?